文革暴力与造反运动
——南外王金事件个案分析

Violence and Rebellion Movement of the Cultural Revolution:

A Case Study of a Death by Nanjing Red Guards

乔晞华 著

Joshua Zhang

美国华忆出版社

Remembering Publishing, LLC. USA

Violence and Rebellion Movement of the Cultural Revolution:
A Case Study of a Death by Nanjing Red Guards

Joshua Zhang

ISBN: 978-1-68560-162-1（Print）
       978-1-68560-163-8（Ebook）

Published by Remembering Publishing, LLC
9600 S IH-35, C600
Austin, TX 78748
RememPub@gmail.com

文革暴力与造反运动——南外王金事件个案分析

乔晞华 著
出版： 美国华忆出版社 奥斯汀·得克萨斯州
版次： 2025 年 6 月第一版，第一次印刷
字数： 115 千字

献给王金先生！

1966 年 9 月 29 日，工人王金被南京外国语学校的红卫兵无故打死。虽然惨案发生在 60 年前，但是我们不曾、不会也不敢忘记王金先生！

献给查全华先生！

查全华先生是王金先生生前的同事。王金被打死后，查全华先生与十多位工友发起为王金讨回公道、严惩凶手的群众运动。三个月后，在市民的压力下，当局逮捕三名主要凶手。1969 年，查全华先生被南京市军管会以反革命罪判处死刑。十多年后该案终获平反。历史将记住查全华等人的功绩。

献给吴玉璋老师!

吴玉璋老师曾任南京外国语学校的教师,文革中倍受摧残。如果不是王金先生被打死,凶手受到惩罚,吴玉璋老师很可能在文革中死于非命。吴玉璋老师因工作原因,接触到当年"九.二八王金事件联合调查团"的调查报告。感谢吴玉璋老师为后人留下这一珍贵的史料。

目录

序

这是一所公认的全国最好的中学之一。

这是一所由周恩来总理亲自批准建立的学校。

这是一所走出过数百位外交官的学校。

这是一所培养出数位为国家领导人作翻译的学校。

这是一所毕业生常被国外大学以全额奖学金直接录取的学校。

这是一所拥有无数校友是博士、教授和学者的学校。

然而在这些鲜艳夺目的光环下，这所学校有着最黑暗的一页。1966年9月29日，这所学校的31位红卫兵无故打死一位工人。这就是当时震惊南京市甚至江苏省的南京外国语学校（以下简称"南外"）红卫兵打死工人王金事件。本书试图重新打开这一悲惨之页，以警示后人。

作者曾于2015年发表《既非一个文革，也非两个文革：南外红卫兵打死工人王金事件个案分析》。为纪念文革发动60周年，在该书的基础上进行较大的修改，增加十年来收集到的材料，结合理论界的发展。本书为纪念在文革初期被老红卫兵打死的王金先生遇难60周年。笔者在写作过程中曾得到美国Creighton大学哲学系袁劲梅教授的指教和帮助，南外校友李家骏先生和部分要求匿名的校友为笔者提供许多情况和帮助，在此表示衷心的感谢。

乔晞华 于美国

2025年6月

绪论

无产阶级文化大革命（简称"文革"）是中国近代史上的重大事件，对中国产生巨大的影响。这一影响直到 60 年后的今天仍然可以感受到。可以说，一个人要想了解今日的中国，就不能不了解文革。

本书以发生在南京的王金事件为线索，论述文革初期发生的老红卫兵暴力，民众自发地开展声势浩大的抗暴运动，进而讨论文革的定义与分期，分析当时民众造反的心理和动机。全书分为上下篇，上篇《王金事件》详细介绍南京王金事件及抗暴运动的经过。下篇《文革的造反运动》讨论文革群众运动的定义、分期及民众造反的动机。

第 1 章介绍关于王金事件的三种流传的说法。因年代久远，人们记忆的消失，王金事件的真相逐渐被遗忘。

第 2 章讲述南京市民的反应。王金的死讯迅速传开，首先站起来的是王金生前的同事。虽然市民们对中共权贵早有怨气，但是平时一直不敢造次。王金被殴致死引发的怒火犹如火山一样迸发出来，一发不可收拾。10 月 16 日，王金生前的同事发起，成立草根组织"九.二八调查团"。文革学界通常把有名的上海"工总司"作为中国第一个工人造反组织。但是南京"九.二八调查团"在两个意义上超过上海"工总司"。首先在时间上，南京"九.二八调查团"于 10 月 16 日成立，而上海"工总司"是在 11 月 9 日才正式成立。其次在自发性上，上海"工总司"的成立是在北京红卫兵的帮助和参与下组建的。而南京"九.二八调查团"完全是由工人首先发起，在学生的参与下成立的。

第 3 章展示调查团的《调查报告》。经过五个月激烈和反复的博弈，"九.二八调查团"完成对王金之死的调查，向社会公布其调查结果。这是一份详细的报告，共有 50 页，包括王金被打死的经过，王金的个人简历，参与打死王金的学生名单，法医鉴定和刑事摄影等。"九.二八调查团"于1967年2月6日在南京人民大会堂召开批判大会，市委、市人委负责人被揪斗。

第4章论述王金事件的最终结局。南京市政府在民众的巨大压力下，逮捕三名为首的红卫兵，关了近两年后被释放。参与打死王金的凶手多数参了军，退出现役后获得稳定的工作，不少人仕途发展顺利。相对于打人凶手，"九.二八调查团"的成员却远没有那么幸运。最悲惨的是调查团领导人查全华，1969年底被当局以反革命罪枪决。文革中"九.二八调查团"与当局的抗争是一次不对称的博弈，是一次先胜后败的博弈，是一次虽败犹荣的博弈，它将名垂史册。

第5章比较北师大女附中打死校长卞仲耘事件和南外王金事件。前者代表老红卫兵暴力的开始，后者则标志着其终结。北京的卞仲耘一案为文革老红卫兵的暴力开了先河，因为受到毛泽东及当局的支持，老红卫兵暴力迅速波及全国。而南外王金事件因为广大民众的反对，形成波澜壮阔的群众运动，扼制老红卫兵的暴力。随着全国民众的觉醒和造反运动的兴起，强弩之末的老红卫兵终于被迫退出历史舞台。两案在文革史上具有重要的意义，标志着老红卫兵的兴衰。

以上五章是上篇的内容。目前，卞仲耘案件在华人学界几乎无人不知，不过在当时却并非京城的轰动事件。但是，为什么王金事件在南京却成为轰动事件？为什么南京的市民对红卫兵的暴行敢说"不"字?对于南外红卫兵来说，他们的"不幸"是打错了人。如果他们打死的是本校的老师，打人事件最多像北师大女附中的卞仲耘案那样不了了之，红卫兵不会受到任何惩罚。可是他们打的是王金。他所在单位是一个充满社会底层人物、边缘人物的单位。这是一只"马蜂窝"。王金的死成为他的同事的借口，蛰伏的"马蜂"终于倾巢出动开始"蛰人"了。下篇以社会运动学的视野分析文革中的造反运动。

第6章介绍西方社会运动学。这是一个因中国的文革而兴起并与文革研究密切相关的重要学科。由于种种原因，多年来该领域的发展一直未引起华人学界的重视。这是一门新兴的学科，直到上世纪的 70 年代中期，社会运动学才逐步成为西方社会学中的一个重要领域。社会运动的定义是，一个有意识的、群体的、有组织的努力，试图以体制外的手段推动或阻碍社会秩序中大规模的变化。该定义中的两个信息特别重要："有意识的"和"体制外的"。"有意识的"指的是社会运动的参与者是有意识的，不是盲目的。"体制外的"指的是社会运动不是通过正常的渠道解决问题，其手段包括示威、游行、请愿、静坐，甚至暴力等。

社会运动可以分为四种运动，即替代运动、救赎运动、改革运动和革命运动。社会运动学理论可以分为三代：第一代（疯狂）是坏人论、乌合之众论；第二代（理性）在理性选择的框架下，有社会冲突论、理性选择论、博弈论、社会压力论、资源动员论、政治过程论和新社会运动论；第三代（情感/网络）是群体身份认同论和构框理论。半个多世纪以来，社会运动学经历从疯狂到理性再到情感/网络的螺旋形变化，使我们对社会运动的理解和认识更加深入。这些理论对于我们研究文革具有重要的指导意义

第 7 章讨论文革的定义和分期。文革的定义指的是，文革到底是什么。文革的分期指的是，文革究竟持续了多久。在我们之前存在四个学派，即内乱说，一个文革说，社会冲突说，两个文革说。内乱说和一个文革说基于的理论是早已被社会运动学界摈弃的乌合之众论，而社会冲突说和两个文革说基于的理论是已经过时的马克思主义社会冲突论。一个文革说和两个文革说在华人学界争论了几十年。两者犯了一个低级错误，即忽视社会运动学中对社会运动的分类，没有意识到"只反贪官，不反皇帝"的群众运动有其合法地位。如果持两个文革说的学者在一开始就旗帜鲜明地提出，文革的群众行为是社会运动中常见的改革运动，他们就会理直气壮得多。文革涉及全中国的亿万民众和中共的各层官僚。文革不是内乱，不是革命，也不是一个运动，而是一场为谋取利益的斗争。我们提出"博弈说"，对文革的定义是：为期十年的文革是中国现代史上的重要事件。文革中，党内和党外各自的激进派、温和派和保守派六个集团之间和集团内部，进行了一场不完全信息的非合作式的博弈。文革以保守派失势开始，以激进派完败告终。

3

在前一章里，作者从社会运动学理论的视角，分析批判了目前流行的对文革的定义。第 8 章试图用定量分析的方法进一步证明阐述的观点。隐类别分析法（LCA）被用来对中共建政以来的发生的 38 个运动进行分类。这些运动可以分为三类，该分析结果具有以下意义：群众运动有别于党的运动（无论是整人/斗争运动，还是思想教育/生产建设运动）。虽然广大民众没有把改朝换代作为他们的目标，也没有把推翻国家政权和打倒共产党作为运动的宗旨，但是民众的矛头不是以往党的运动中的平民百姓和"贱民"，斗争矛头直指他们痛恨的中共官僚和中共的政策，这是不争的事实。从社会运动的七个指标上看，文革中的造反运动与党的两种运动有着巨大的差别：从运动的目的（是否改革社会不合理现象），运动的组织形式或自主性（是否经过层层党组织的严密控制），运动的自发性（是否成立草根组织），运动的对象（是否矛头向下），运动的性质（是否整治百姓和"贱民"），以及运动中积极分子的命运等诸多方面，文革的群众运动与党的运动大相径庭，却与中国历次出现的民主运动和美国的民权运动相似，忽略这些特点就不能正确理解文革的群众运动。

第 9 章讨论西方学者关于民众参加组织动机的争论。西方学者从群众组织的派别来分析民众造反的动机。有学者发现，家庭出身在派别抉择中起了重要作用（如广州中学生）。出身好的民众倾向于参加保守派组织，家庭出身不好的则倾向于参加造反派组织。此派学者可以称为"社会冲突派"。但另有学者发现家庭出身与派别选择关系不大（如北京的大学生、上海、江苏、浙江等地的造反派）。因为这些学者认为民众的派别选择与运动过程有关，他们可以被称为"政治过程派"。本章将全国 77 个省级的群众组织进行定量分类，发现可以分三类，激进派、温和派、保守派。前两者都是造反派，只是造反的程度不同。基于这一分类，全国各省可为三类，第一类是造反派"一家天下"的三个省（如上海），第二类是激进派与温和派（即分裂的造反派）内斗的 16 个省（如北京、江苏、浙江），第三类是保守派与激进派（即造反派）厮杀的九个省（如广东、新疆、西藏）。北京"天派"和"地派"间的区别，与广东"旗派"和"东风派"之间的区别,有着本质上的不同。前者是同一阵营里不同派别之争,我们把它叫作"宗派性派别"。后者是不同阶级阵营的对峙和冲突,我们把它叫作"阶级性派别"。忽略派别斗争存在着不同性质的类别,将两者混为一谈,是产生西方两派学者不同观点的主要原因。

第 10 章介绍作者进行的一个问卷调查。迄今为止还没有学者采用大规模地直接询问文革当事人的方式,了解他们为什么参加群众组织。作者于 2017 年 4 月 16 日至 2024 年 1 月 31 日,启动"关于民众在文革中参加群众组织情况的问卷调查",收集到 1,686 位受访者的信息。问卷调查共有十个问题:(1)文革开始时所在地;(2)出生年份;(3)性别;(4)家庭出身;(5)政治面貌;(6)职业;(7)参加群众组织情况(多选);(8)群众组织属于社会哪一大派;(9)参加群众组织的原因,(10)是否因参加群众组织受到审查和迫害。58%的受访者参加过群众组织,尽管同属红五类,革军革干子弟参加群众组织的积极性比工农子弟高得多。黑五类出身的受访者参加群众组织的比例最低。值得注意的是灰五类出身的受访者,他们参加组织的比例高于工农子弟,仅次于革军革干子弟。不同的家庭出身之间参与比例的差异,在统计学上有显著意义。

第 11 章基于问卷调查,分析不同派别斗争类型省份中家庭出身与派别选择的关系。在保守派与造反派对峙的九个省中,超过半数的革军革干子弟参加保守派,其他子弟参加保守派的比例最高才四分之一,灰五类参加激进派的人数高达 96%以上。家庭出身与派别选择的关系有显著差别。家庭出身在"阶级性派别"的抉择中起到明显的作用。以上结果支持"社会冲突派"的观点。而在宗派性派别斗争的 16 个省中,工农出身的受访者参加激进派,比革军革干、灰五类和黑五类子弟稍少一些。但是,各类家庭出身的受访者参加激进派与温和派的比例相差并不显著。这就印证了"政治过程派"的观点。自身的社会地位和阶级属性与宗派性派别,没有明显的因果关系。西方的两派学者存在以偏概全的缺陷。

　　第 12 章对受访者为什么参加群众组织进行定量分析。对于响应毛泽东的号召，家庭出身的影响依次为：革命家庭、工农家庭、灰五类家庭和黑五类家庭。与黑五类家庭相比，来自革命家庭、工农家庭和灰五类家庭的受访者参与群众组织的概率大得多。因争取改善自身处境和/或对当权派不满参加群众组织，相对于革军革干出身的受访者来说，工农子弟、灰五类子弟和黑五类子弟的比值比呈现依次递增。这说明，民众参加群众运动，除了响应毛的号召外，另有其他原因。这些原因与个人的家庭出身、政治面貌、性别和职业有着密切的关系。忽略这一情况，我们就不能正确地理解文革的造反运动。

　　从对民众参加群众组织原因的分析，可以对当时中国社会窥见一斑。在响应毛的号召方面，革军革干子弟尤其多，工农子弟、灰五类子弟和黑五类子弟依次递减。在争取改变处境和/或不满当权派方面，却是朝相反方向依次递增。这看似不同，实质上却是一回事，即都与自身的处境有关。响应毛的号召只是表面的原因，实际上与红五类的前途密切相关。争取改变处境的动机，对于非红五类子弟来说，是非常实际的目的。文革前的 17 年里，中共执行的阶级路线把灰五类和黑五类划为二等公民。他们在升学、就业、提干、事业发展和生活等各方面受尽歧视。文革的发动，使他们看到从未有的机会。他们带着这一目的积极投入文革，希望能在文革中打个翻身仗。所以，响应毛的号召是红五类子弟的一种积极防守性的心态和举动，目标是保住他们已有的特权和益处。争取改变处境，则是灰五类和黑五类子弟的一种积极进攻型的心态与举动，旨在争取获得自己以前没有的权力和益处。两种心态与举动从不同侧面展现相同的动机，殊途同归。总之，无论民众参加哪个派别，都是为了改变自身的处境而战，或者为了保持自身的处境而争。

　　作者在结语部分论述了文革暴力的类型和原因。个人或组织诉诸暴力的目的主要是为了保持权力以便保护自身的利益，老红卫兵打人、对"黑五类"政治贱民的暴力、以及后来派别间的武斗无一不是为了争夺或保持权力，保护自身的利益。暴力可以分为单向或双向，垂直或平行，非建制性群体暴力或建制性群体暴力。暴力又分为直接暴力、结构性暴力和文化暴力。

文革中的暴力有其源远流长的历史原因和文化原因，仇恨是暴力的重要原因，文革的暴力还源于人性和母爱的缺失，更重要的原因是得到政府的默许。微观层面的个人因素也不可忽略。文革中并不是每个中国人都参加了暴力。是否进行暴力行为取决于个人。

绝大多数的施害者，特别是文革初期老红卫兵，对于他们所犯下的罪行毫无忏悔之意。他们的借口是，"当年响应毛的号召"。言下之意，他们只是遵从上面的旨意，责不在己。这样的想法是有理论依据的，民众参与文革是盲从、不明真相，是"疯子"、"傻子"。这是在"乌合之众论"的理论框架下，民众作为个人的角色和责任。促使文革中的施害者，特别是老红卫兵，以及文革的参与者反思，需要批判"乌合之众论"，清除其影响，使民众认识到：作为个人，施害者是有不容推卸的责任。

文革之恶未得到清算，大量的红二代、官二代独占资源、独享特权，社会仇富仇官心理盛行，尤其是改革开放以来官权独大，腐败蔓延。而中共几十年来的政策造成真相掩蔽，是非不清，文革遗留问题无法得到公正的处理。中国的年轻人需要从外国学者那里才能够知道文革中发生的事实真相。清算文革的罪恶，搞清文革真相，认真反思文革的错误，任重而道远。历史留给我们的时间不多了。

最后值得一提的是，本书首次披露作者亲眼所见的发生在1989年六.四民运中的一件事。军队开枪的消息传到南京，全城的学生和市民们愤怒了，连续几天数十万民众上街游行示威、大批学生卧轨拦截南去北往的火车以示抗议。示威的学生和民众把偌大的南京古楼广场挤得水泄不通，口号声震天响。一位学生徒手攀爬竖立在广场上的20至30米高的旗杆。那位学生到达旗杆的最上端，拿出刀将中共国旗从旗杆的绳索上割下。随着他的奋臂一挥，国旗像断了线的风筝随风飘落，全场爆发出雷霆般的掌声。抛旗的意义不亚于北京学生（据称是王维林）徒手用身体阻挡中共军队坦克的壮举。如果说北京的那位学生是反对中共解放军对民众屠杀的话，那么南京的这位学生则是公开地向中共宣战了，是名副其实的造反了。这是笔者亲眼所见的场面，借此机会寻找那位勇敢的学生，希望社会能关心这位勇士的下落。

上篇 王金事件

　　1963 年周恩来亲自批准在全国建立首批外国语学校，南外是其中之一。刚开办时，南外分别从二年级学生、小学毕业生和初中毕业生中招生。自 1982 年起改为只从小学毕业生中招生。初建时学校设有英、德、法三个语种，1982 年起增设日语专业。

　　南外地处市中心不远，濒临玄武湖依傍九华山，校园里绿树成荫、环境幽美。学生一律住校，即使学生的家与学校仅一墙之隔也不例外。学校的办学目的是为国家培养高水准的外语人才打好基础。当时的南外和南京师范学院①附属中学（简称南师附中）可以说是江苏南京地区地方权贵子弟云集的学校。

　　文革结束后，中国派出首批出国留学生，九名学生中有两名来自该校。该校培养出众多的外交官和国家领导人的翻译，校友遍及全球。目前该校已经成为全国顶尖的中学之一。然而，在这些光环之下，该校的历史上有着最黑暗的一页。本书将掸去历史的尘埃，翻开该校历史上最恐怖、最黑暗的一页。

　　1966 年 8 月起，在北京"红八月"红色恐怖的影响下，南京的红卫兵也掀起暴力潮。南外的一派红卫兵（"毛泽东思想红卫兵"，简称"思想兵"）②无故打死南京市玄武区建筑联社第三工程队的工人王金先生。

---

① 现改名为南京师范大学。
② 另一派红卫兵叫做"毛泽东主义红卫兵"，简称"主义兵"。当时，南外改名叫做"南京国际共产主义战校"。两派的红卫兵均由出身红五类的学生组成。

第1章 打死人事件

王金事件真相有三种广为流传的说法。第一种说法是，红卫兵贴大字报挡住王金家的门，使王金进出不便，王金与红卫兵发生争执，所以被红卫兵打死。这一说法从一些网页上可以看到。第二种说法影响比较大，王友琴（2004）是这样描写事实经过的：

> 王金，南京市的一个普通工人，1966年8月中在公共汽车上被南京外国语学校的红卫兵抓走打死，红卫兵说王金"家庭出身不好"，该打。

> 很多南京人都知道"王金"，知道他是个工人，"家庭出身不好"，被高干子弟红卫兵打死了。1966年时这是很轰动的事件。

> 南京外国语学校当时的一名学生说，1966年夏天，他们学校的红卫兵打了不少老师。教初三的一个普通女老师，因为信宗教，不但被剃"阴阳头"，还被打得很厉害。8月中旬，外语学校红卫兵在公共汽车上抓了工人王金，把他打死。红卫兵说王金"家庭出身不好"，当时他们打了很多"家庭出身不好"的人，称之为"狗崽子"。但是王金的同事们说他是"工人阶级"。很多工人为王金之死包围外国语学校。全南京的人都知道这件事情。中共南京市委和公安局为此逮捕三个红卫兵头头，其中一个是南京军区后勤部副部长的儿子，来平息工人的愤怒。另一方面，中共南京市委和公安局把外语学院[①]的学生护送出校，到农村住了几天后，送他们去"革命大串连"。

> 这名学生到北京后，8月31日在天安门广场见到毛泽东。那是毛泽东在8月18日以后第二次接见百万红卫兵。这名学生说，在北京，他看到北京外国语学校的红卫兵比南京外国语学校更加暴力。

[①] 应为外语学校。

根据笔者向南外多位知情者的了解，校友中流传着另一种说法。红色恐怖激起民众私下的不满和反抗。当时传说有两个叫作"国际打狗队"和"蓝衫队"的组织与红卫兵作对。南外的几位女"思想兵"在地处闹市区的新街口散发传单，市民们哄抢传单，有人趁机欺负这些女生。按现在的说法，是"性骚扰"。她们回校以后向男生们哭诉受辱经过。"思想兵"的男生们被激怒，决定再一次让女生们出去散发传单，由男生们在后面跟踪保护。

9月27日，几位女"思想兵"在新街口开完大会后又开始散发传单。跟在后面的男生们发现两个形迹可疑的人，其中一人叫王金。散发传单的"思想兵"发现王金捡了一张传单还不满足，跟着红卫兵又捡了两张。王金被怀疑的另一个原因是他梳着西式发型并且穿一双擦得雪亮的皮鞋，被"思想兵"认为不是流氓就是阿飞，反正不是好人。"思想兵"们把他抓起来押向学校。在回学校的路上，他们遇到王金单位的指导员，在单位领导的担保下，"思想兵"暂时放了王金。

"思想兵"在当天还抓了一个人，此人自称姓叶。红卫兵把他抓来后关在楼梯间里。那天晚上，负责看守的"思想兵"大意睡着了。自称姓叶的人翻墙逃跑。估计他讲的是假情况，第二天"思想兵"找不到那个人。"思想兵"怀疑王金与他是一伙的，就去玄武区建筑联社把王金抓来。倒霉的王金成了他们的出气筒。

王金解放前曾是国民党军的中尉司药官。在淮海战役中，王金被中共的军队俘虏，释放后回到南京。此后王金曾在徐州市的一家医院任药剂师。因为一起医疗事故造成一名工人死亡，王金被判刑。刑满释放后，王金回到南京，做过工人和小商贩，最后进入玄武区建筑联社第三工程队当灰沙工。

王金与妻子的关系不太好，下班以后常常在街上溜达。那一天，他看到有人撒传单就跟在红卫兵后面多捡了两张。在审讯中，王金说不认识前一天晚上逃跑的那个人，"思想兵"们认为王金不老实。当"思想兵"问王金是否有历史问题时，王金老老实实地交代解放前参加过国民党军的经历。

"思想兵"们的父母大多是出生入死"打下江山"的共产党人。对于红卫兵来说，国民党是共产党的不共戴天的敌人，眼前的王金曾经参经加过国民党军队，这还了得。"思想兵"们出了一道算术题，问他在战场上救治多少国民党兵，被他救治的国民党兵又杀害多少解放军。王金回答不了，挨了打。一位有同情心的高中同学[1]试图阻止殴打王金的暴行，但是没有能够成功。

很快，王金被打得皮开肉绽、头破血流，殷红的鲜血溅到雪白的墙壁上。"哇"的一声，传来一位女生的哭声。一名女生被惨无人道的场面吓哭，掩面逃出审讯室。事后，她还为此写检讨书，承认自己的无产阶级立场不坚定，对阶级敌人存有同情心[2]。

王金被放回楼梯间里无人过问。王金醒来以后饥饿难忍，向红卫兵要吃的。红卫兵的管理混乱，没有专门看管抓来的所谓"犯人"的人员和机构。红卫兵的吃饭问题是自己负责的，他们自行到食堂买饭，谁也不会自掏饭票为王金买吃的。有一位"思想兵"给王金喂了一勺子贴大字报的糨糊。

第二天（即9月29日）上午7时许，一位小学五年级英语班的同学到学校去玩，看到王金躺在楼梯间的地上奄奄一息。王金当时还能说话，向这位同学要水喝。他对王金说，"地上不是有水吗？"离王金不远处的地上放着一只碗，里面盛着水。王金答道，"那是生水，不能喝。"曾经是药剂师的王金此时脑子还是清醒的，还知道没有烧开的自来水不能喝，喝了会生病。由于这位同学不住校，没有热水瓶，没法帮王金找到开水，所以就离开了。

大约10点多钟，人们看到学校的护士急匆匆地向关押王金的大楼跑去。护士给王金打强心针，但未能救活王金。王金的死不仅是被打受伤所致，而且是严重的饥饿和缺水引起的。"思想兵"关闭学校的大门，不许任何人进出。人的生命是多么脆弱，两天前的

---

[1] 据笔者所知，他是高三德班杨姓男生，平民子弟。该同学正直敢言，后成为检察官。

[2] 这是笔者当年听同学说的，但是经过数十年后，笔者无法找到其他人证实此事，大家都说不记得了。

王金还在生龙活虎地抢传单，今天的王金却在红卫兵的拳打脚踢之下生命戛然而止。

下午 2、3 点钟，XXX（第 1 号凶手）[1] 回到学校。当他听完汇报以后，对大家说，"此事到此为止，不要说。"下午很晚时刻，校门才打开，人们可以离开学校。虽然死了人，红卫兵们还没有意识到事态的严重性，叫人把王金的尸体拉到火葬场去火化以为完事了。

王金事件发生时，南外"思想兵"的许多骨干成员都外出到北京等地串联，留下初三法语班的 XXX（第 1 号凶手）和初三英语班的 XXX（第 2 号凶手）作为"思想兵"的临时负责人，领导低年级的红卫兵成员。第 1 号凶手是"思想兵"的第一临时负责人。第 2 号凶手是第二临时负责人，兼任排长专管初一年级的"思想兵"成员。初一年级有三个班，分别是初一英语班、初一德语班和初一法语班，三个班中的"思想兵"成员被分别编为三个红卫兵班，受第 2 号凶手的直接领导。

关于打人的责任问题，南外的校友中有两种说法。第一种说法是，第 1 号凶手打了第一下，第 2 号凶手打了最后一下，第 3 号凶手和第 4 号凶手（女）打得最凶。第二种说法是，第 1 号和第 2 号凶手根本没有参与打人，是其他 20 多名"思想兵"和外地红卫兵共同打的，其中第 3 号和第 4 号凶手（女）打得最凶。一位曾是"思想兵"的知情同学（当时的小负责人，"思想兵"的班长）曾再三对笔者说，第 1 号和第 2 号凶手绝对没有参与打人。他还特地强调，王金死时第 1 号凶手根本不在学校里，在校外执行任务。抓第 1 号和第 2 号凶手是因为他们俩讲义气，对王金事件大包大揽，主动承担责任。

---

[1] 姓名隐去，括号内由作者加注。以下同。

第2章 民众的反应

王金的死讯迅速传开。首先站起来的是王金生前的同事。虽然市民们对中共党权贵早有怨气，但是平时一直不敢造次。王金被殴致死引发的怒火犹如火山一样迸发出来，一发不可收拾。事情竟然这么凑巧，王金作为建筑工人曾经为建造南外的教学大楼和宿舍大楼辛勤地劳动过。他被折磨致死的地方正是他曾经挥汗如雨辛勤劳动之处。人们被激怒了。

10月2日，玄武区建筑联社第三工程队的工人们首先贴出"强烈抗议南京外国语学校的学生打死工人一事"的大字报。全城为之震动，要求严惩凶手的大字报立即铺天盖地布满主要街头和广场。10月3日，王金的三位同事与华东水利学院①的七位学生成立调查小组到南外进行调查。14日，王金生前的同事、南京大学"红色造反队"和"全国革命造反串连总队"发起，成立联合调查组对打死王金事件进行深入调查。16日，一个群众性的草根组织"九.二八王金事件联合调查团"（简称"九.二八调查团"）在南京大学正式成立。该调查团由南京市玄武区建筑联社，南京长江机器制造厂，南京电子管厂和南京大学等40多个单位的工人和学生组成，其主要成员有王金生前的同事查全华等人。查全华和南京市玄武区建筑联社的同事袁金龙、陈苗生、储贵银、戴敏、陈春景和杨正喜等是积极的发起者和参与者。

研究中国文革的大多数文献把"上海工人造反总司令部"（简称"工总司"）作为中国第一个工人造反组织。但是南京"九.二八调查团"在两个意义上超过上海"工总司"。首先在时间上，南京"九.二八调查团"于10月16日就已经成立，而上海"工总司"是在1966年11月9日才正式成立。南京"九.二八调查团"比上海"工总司"早24天。其次在自发性上，上海"工总司"的成立是在北京红卫兵的帮助和参与下成立的。而南京"九.二八调查团"

---

① 现更名为"河海大学"。

14

完全是由工人首先发起，在学生的参与下成立的。南京"九.二八调查团"成员中的工人们后来成为"江苏省工人红色造反总司令部"（简称"江苏工总"）的成员，为文革中的江苏工人运动立下汗马功劳。

"九.二八调查团"派人四处请愿告状，有的到南京市委，有的到江苏省委，有的到上海华东局，有的到北京直接找到国务院和中央文革，有的人则在本市和周围城市大造舆论，连离南京约有130公里的安徽省芜湖市内都贴满关于王金事件的大字报。更多的人则致力于在南京组织集会，抗议红卫兵的暴行。工人和群众在鼓楼广场集会，扬言要"踏平南外"。工人们起初在校门口抗议，以后冲破校门涌进学校并占领礼堂，自发地召开集会，要求惩办凶手。工人们站在教学大楼下，扬言要拆掉大楼为王金报仇。我的一位同学因不知情回答说是"思想兵"的，差点挨上愤怒工人的拳头。

为了防止工人和群众打伤学生，南京市市长岳维藩亲自出马，在学校的配电房里指挥警察保护学校和学生。市政府很快决定把南外的学生转移到外地。10月8日晚，副市长王昭铨亲自坐镇指挥，派出十多辆专门接待外宾的大轿车，开到学校的后门，把南外的部分学生秘密护送到与安徽交界的僻远乡间小丹阳公社。同时去的还有十多名市委工作人员，负责照看学生。他们不仅更改校名对不知情的农民进行隐瞒，连学生家长也不让知道学生的去向。

学生在那儿住了几天。由于走漏风声，工人和群众准备追到小丹阳。学生们不得不分散地回到南京，并约好某日在鼓楼公园悄悄取外出串联的介绍信和火车票。据同学回忆，当时的联络方式有点像地下党的接头。学生们被告知，公园东面的一张石凳子，那里有人接应。此人会拿着《红旗》杂志，面朝东坐着。只要告诉他是南外的，学生就能得到介绍信和火车票。就这样，南外的许多学生悄悄地离开南京，逃到北京和上海等地。

对于打死王金，社会上出现不同的反应。据一位亲历王金事件的"思想兵"回忆，在事件的前期曾出现过一个耐人回味的插曲。在学校举办的辩论会上，工人群众高呼口号，要求惩办杀人凶手。一位来自北京的红卫兵反驳道，"难道要用我们红卫兵的鲜血去抵偿一个社会上小混混的血？"众多的工人群众竟然被驳得哑口无言。他的话引来台下红卫兵的一阵掌声。可想而知，当时的"老子英雄儿好汉，老子反动儿混蛋"的血统论还很有市场。

王金被打死的第二天，南外的一位姓郑的老师（第1号凶手的班主任）贴出一张题为"XXX（第1号凶手）是个好孩子"的大字报。一些参加打人的学生家长也发表言论，对打死人不以为然，认为"打死个把人有什么关系"，"反正市委要替我们顶住"。有位学生家长坚决反对第1号凶手写检讨书。南京市委书记处书记刘中不得不在与八位学生家长的会谈中告诫这些家长"不要再火上加油"。南京第九中和第十中的红卫兵开始串联，说打死王金是革命行动，还说北京打死的人多着呢。

10月6日，第1号凶手递交检讨书，承认自己犯有错误，由于骄傲自满，自恃出身红五类。在检讨书中，第1号凶手认为打死王金事件是"好人打坏人"。省委书记许家屯称赞第1号凶手的检讨，说"我看了XXX（第1号凶手）的检查，16岁的小鬼检讨写得不错。你不要看他犯了错误，打死了人，用主席语录用得比较恰当，最后还引主席的诗，我这么大岁数的人也写不出来。"许家屯还说："在这么大的运动里，群众发动起来以后，在没有经验的情况下，犯这样那样的错误是不可避免的，这同平常时候打死人的事情是不同的。"他还说，"这不是敌我矛盾，是像打仗一样发生误伤。我们打仗也是这样，挂花、牺牲的是不是都是敌人打的呢?不是的。也有自己人的枪走火，误伤的。""你怎么能把走火误伤的人当敌我矛盾对待呢?你能都抵命吗?这是不可能的。"按照许家屯的说法，打死王金属于误伤，红卫兵不必为此受到法律的制裁[1]。这就是当时的当权者和红卫兵的态度。

---

[1] 江苏省革命造反派炮轰省委联合会、江苏省省级机关革命造反总部、江苏省省级机关革命造反总部省委办公厅分部。1967年。《打倒反革命修正主义分子许家屯》（1967年3月14日联合编印）。"中国文革研究网"http://www.wengewang.org/read.php?tid=5800。

第3章 调查报告

　　经过五个月激烈和反复的博弈，"九.二八调查团"完成对王金之死的调查，向社会公布其调查结果。这是一份详细的报告，共有50页，包括王金被打死的经过，王金的个人简历，参与打死王金的学生名单，法医鉴定和刑事摄影，市委书记处会议记录摘要和省、市委主要领导人的报告，玄武区建筑联社第三工程队造反派的批判文章，南外部分学生的批判文章，南京市委和玄武区委工作人员于顺良、张国义①、徐俊良和孙勋的揭发批判，国营X厂工人的批判省市委的大字报（1966年12月6日），南京市委对处理王金事件的检讨，以及调查团编写的王金事件大事记②。

　　"九.二八调查团"于1967年2月6日在南京人民大会堂召开"关于王金事件省市委执行资产阶级反动路线揭发批判大会"。市委、市人委负责人被揪斗。南京档案局的档案是这样记载王金事件的③：

　　9月28日南京外国语学校红卫兵打死玄武建筑联社工人王金，市委立即责成有关部门进行认真调查，严肃处理。"造反派"抓住

---

① 南京市公安局第五处的一位科长。
② 在此笔者向美国克瑞顿大学（Creighton University）哲学系袁劲梅教授（Dr. Jinmei Yuan）表示衷心的感谢，由于她的慷慨帮助，笔者能够有幸得到她的母亲吴玉璋老师珍藏了几十年的"九.二八调查团"的调查报告的影本。吴玉璋老师曾在南外任教，因工作原因接触到"九.二八调查团"的调查报告，她私下收藏了一份。吴老师逝世后，袁教授在整理母亲遗物中发现了这一珍贵的材料。王金被打死后，吴玉璋老师和凌介平老师被红卫兵叫去抬尸体。一位女红卫兵高举着带血的鞭子对吴玉璋老师说，"你不老实，王金就是你的下场！"吴玉璋老师是幸运的。如果王金没有被打死导致社会巨大反弹，吴玉璋老师肯定会被这些红卫兵打死。这一情况在袁劲梅教授的《忠臣逆子》一书中有详细的叙述。吴玉璋老师深信王金是替她而死。也许出于这一原因，吴玉璋老师一直珍藏着王金事件的调查报告，希望有朝一日能将事件的真相留给后人作为鉴戒。
③ 笔者于2014年3月从网上下载，现在该信息已无法获得。

17

这一事件煽风点火，发表《紧急呼吁》，组织调查团，硬说这是市委"执行资产阶级反动路线的结果"。

以下调查报告的摘录：

"王金事件"调查报告

写在前面

无产阶级革命派战友们，我们"九.二八（王金）事件联合调查团"全体同志，怀着对党和毛主席的无比感激向你们报告：王金事件经过五个多月的艰难曲折，在毛主席革命路线取得全面胜利，资产阶级反动路线走向彻底垮台的今天，终于得到完全的澄清。

这是毛主席革命路线的胜利！

这是战无不胜的毛泽东思想新的伟大胜利！

今天，透过工人王金的鲜血，我们看清在杀死工人王金的凶手名单上，不但有 XXX（第 1 号凶手）、XXX（第 2 号凶手）、XXX（第 3 号凶手），还赤赤然写下旧省委、市委中一小撮反革命修正主义分子的臭名：江渭清、彭冲、许家屯、刘中、王楚滨、高黎光、王昭铨、雷绍典……是他们疯狂地推行资产阶级反动路线，借 XXX（第 1 号凶手）、XXX（第 2 号凶手）、XXX（第 3 号凶手）等人的手杀害王金。

我们从工人王金的鲜血中得出一个毋庸置疑的结论：

王金是资产阶级反动路线的无辜牺牲者！

王金的死是旧省、市委顽固执行资产阶级反动路线的罪恶铁证！

澄清王金事件的五个多月，实际上就是两条路线激烈斗争的五个多月。

为了维护和继续推行资产阶级反动路线，保住他们已被革命洪流中冲得摇摇欲坠的宝座，旧省、市委无视广大革命群众要求惩办凶手的严正呼吁，采取种种卑劣手段纵容凶手，压制群众，妄想把王金的鲜血悄悄地抹去。但是，革命群众识破他们的阴谋。

为了保卫毛主席的革命路线，维护我们强大社会主义国家的无产阶级专政的尊严，为了捍卫十六条，捍卫党纪国法，我们高举起革命造反大旗在长江红旗、南大红色造反队、南京电子管厂等 40 多个革命组织的热情协助下，成立"九.二八（王金）事件联合调查团"。

调查团的成立是给旧省、市委的当头一棒，他们怕我们怕得要死。但是他们"决不甘心于他们的失败，他们还要作最后的挣扎。"

他们把我们的一些同志打成"反革命"；

他们封锁，销毁调查材料；

他们偷偷地转移调查对象；

他们不给我们活动经费；他们无理扣压我们工人同志的工资；

· · · · · · · · · ·

然而所有这一切，丝毫也动摇不了我们为保卫毛主席路线而战的决心，我们牢记毛主席"下定决心，不怕牺牲，排除万难，去争取胜利"的教导，坚持斗争。

历史是无情的。五个月以前，奋起为王金鸣冤叫屈的革命闯将们被旧省、市委中一小撮反革命修正主义老爷打成反革命；今天，他们骄傲地站在无产阶级革命派的行列中，淋浴着毛泽东思想的灿烂阳光，满怀革命豪情地宣判旧省、市委顽固推行的资产阶级反动路线的破产。

宜将剩勇追穷寇，不可沽名学霸王。

无产阶级革命造反派的战友们，让我们永远记取工人王金的鲜血，把对资产阶级反动路线的仇恨搞得深深的，批臭、批垮、批倒资产阶级反动路线，叫它永世不得翻身！

趁着调查报告出版的机会，我们向一切支援过调查工作的同志致以无产阶级文化大革命的敬礼。

激流中的一股逆流

"四海翻腾云水怒，五洲震荡风雷激。"

1966 年 6 月 1 日，毛主席亲自批转北大第一张马列主义的大字报，一场史无前例触及人们灵魂的无产阶级文化大革命运动，以雷霆万钧之势，首先在学校中，继而在全国范围内轰轰烈烈地开展起来。

"舍得一身剐，敢把皇帝拉下马。"革命群众纷纷起来把斗争的矛头指向党内一小撮走资本主义道路的当权派。可就在这时，以刘少奇、邓小平为首的党内资产阶级代表人物，趁毛主席不在北京，迫不及待地派出大量的工作队，对那些革命造反的战士实行资产阶级专政，把如火如荼的群众运动镇压下去。

江苏省委、南京市委忠实地执行刘邓路线。彭冲秉承江渭清的旨意，在南大抛出别开生面的"中层开刀"理论，而刘中更公开号召"两类矛盾一齐放，三个横扫一起扫"。他们的目的，无非是转移斗争大方向，把水搅混，以期在革命群众混战中使自己安然逃脱。工作队忠实执行这些错误的指示，不把斗争的矛头指向那些走资本主义道路的当权派；而是在教师、职员、工人中大抓"牛鬼蛇神"，把那些敢于向领导提意见的群众打成"反革命"、"真右派"、"假左派"，并利用一般青年的单纯幼稚，对党对毛主席的无限热爱，来充当他们的打手，把运动搞得冷冷清清，白色恐怖笼罩着机关、学校、工厂。

八届十一中全会像春雷一样震惊大地，毛主席亲手制定的十六条公布了。长江机器厂红旗战斗队，首先高举红旗造市委的反，与此同时南京大学红色造反队、南大八.二七革命串联会成立，矛头直接指向江渭清、彭冲、指向旧省委。

8 月 18 日毛主席身穿军装，神采奕奕地登上天安门，接见来自全国各地的红卫兵小将。这一振奋人心的消息使得南京地区沸腾起来，革命小将纷纷成立红卫兵组织，走上街头，大破四旧。这下吓坏了省市委、刘中转弯抹角地抛出十条，企图把红卫兵组织控制在他们手里。于是在大学红卫兵总部和中学红卫兵总部的成立大会上，心怀鬼胎的江渭清、彭冲等亲临指导，并且慷慨地拨汽车、摩托车、自行车和钞票。使得这些朝气蓬勃的革命组织一开始就沾染修正主义的习气，以致后来成了省市委执行资产阶级反动路线和镇压革命群众运动的新工具。

也就在这一时期，南京街头贴满"谭立夫的讲话就是好"的大字标语，"老子英雄儿好汉，老子反动儿混蛋，基本如此"的对联也随处可见；在新街口甚至还发现有"自来红万岁"的极其荒谬的大字报，"形而上学"和"反动血统论"竟然猖獗一时，在学生中大分什么"红五类"、"黑七类"，形成同学之间的对立关系，并且发生殴斗，为后来大规模的武斗流血事件开了头。

就在这样的政治气氛中，1966 年 9 月 28 日，一个骇人听闻的凶杀案件在南京外国语学校发生了，死者是要武区[①]建筑联社三队工人王金，凶手是外语学校毛泽东思想"红卫兵"XXX（第 1 号凶手）、XXX（第 2 号凶手）、XXX（第 3 号凶手）等一伙。

这是无产阶级文化大革命洪流中的一股反动的逆流。

王金是怎么死的？

9 月 27 日晚饭后，王金在新街口广场，遇到南京外国语学校"毛泽东思想红卫兵"宣传队，抢了他们所散发的三张传单。这个举动立即引起宣传队里作跟踪侦察工作的第 8 号凶手的注意。他觉得这个穿着普通工作服的人形迹可疑，于是跟踪到估衣廊，喊了两部三轮车，招呼后面几个同学一起强行把王金架走。路经人民大会堂时，他们巧遇王金所在单位的指导员胡云钦，胡证实王金是工人，并且作担保，王金才被留下来。不过其中一个学生临走留下一条命令说："今夜不准他回家，明天来要人"，于是王金留在三队[②]过了他一生最后的一夜。

第二天，9 月 28 日上午 11 时，南京外国语学校学生第 2 号、第 16 号、第 22 号凶手、张 XX 四人，拿着介绍信把王金带回学校，关进小教楼[③]楼梯间。从这以后，王金就失去一切自由。

[①] 文革中"玄武区"改名为"要武区"。
[②] 即玄武区建筑联社第三工程队。
[③] 即小学部教学楼。

下午，在教学大楼俱乐部里，由第2号凶手和曹XX对王金进行审讯。王金毫无隐瞒地把自己在历史上曾参加过预备国民党员，是中尉药剂师，二阶佐理员，以及解放后配错药方，受到批评和后来到三队工作等情况作详细的叙述。"审问"完毕以后，王金又被关进原处。

第二次"审问"是在4时左右，参加的人也较多，主要是重复第一次"审问"的内容，根本没有提到"国际打狗队"和"蓝衫队"等情况。这有当时的两次"审问"记录可以作证。但是，旧省、市委为了替凶手开脱罪责，不惜造谣说，凶手在"审问"中认为王金同"国际打狗队"和"蓝衫队"有联系，出于对阶级敌人的仇恨，才把王金打死的。在这一次审问中，第19号凶手用鞭子抽王金的脚，但受到第15号凶手的劝阻，原因是"等问清楚再狠狠地打他一顿"。

5时，市委驻南京外国语学校的联络员孙桂生和一些教师从大华电影院听完报告回到学校，听校长陈凤肖[①]说学生抓来一个人。6时左右，他就汇报市委教育小组秘书组朱兴祥。可是严重的事态没有引起市委老爷们的重视，以后第10号凶手又抓来红五星木器厂的青工叶家复，关押在教学大楼的楼梯间里。

晚上，第1号凶手从外面抄家回来。这个年青的"负责人"在听汇报以后，立即决定亲自"审问"，他们把已一天没吃东西的王金从楼梯间里拖出来。问了几句以后，第1号凶手就不耐烦地夺了第2号凶手拿在手中的铁条，猛抽王金两下，接着第2号、第4号、第20号、第5号凶手等便一拥而上，毒打一顿，最后又关起来，接着又把叶家复带到接待室里，进行威逼审讯和拳打足踢，打得死去活来。

晚10时左右，王金又被拉出来，拖到厕所里。第1号凶手首先对王金的太阳穴猛击两拳。接着第7号凶手用木棍狠捣王金的腹部四、五下，打断三根体操棒，而第6号凶手的体操棒毒打王金时断为三截。第15号凶手更狠毒地把皮带蘸水狠抽王金，王金的哀号并没有引起他们的任何同情，他们只是用力地打！打！王金有五、

[①] 原文为陈风肖。

六次昏厥过去，他们用冷水泼醒过来，还是打，直打得王金皮开肉绽，鲜红的血流在地上，喷溅在天花板上，墙壁上。这次拷打直延续到午夜 12 时才结束。王金最后被关回楼梯间时，已是奄奄一息。

29 日上午 8 时，第 3 号凶手、第 7 号凶手、第 10 号凶手、第 5 号凶手、第 6 号凶手等叫王金出来，王金已经瘫在血泊中爬不起来，这几个小家伙又打了一阵。10 时左右，第 16 号凶手才想到要给王金吃点东西，可是王金四肢僵硬，瞳孔无光，已经死了。

校医赶来打针急救无效。于是第 1 号凶手、曹 XX、第 17 号凶手三人开介绍信，把王金用救护车送到火葬场。他们既不通知死者家属，也不告诉死者单位，妄图毁尸灭迹。由于火葬场坚持一定要明确死者的原因，第 1 号凶手才无奈通知公安局，作法医鉴定，并作刑事摄影。与此同时，公安局一个便衣警察也到达南京外国语学校，他们和这些小凶手握手言欢。并且看了他（她）们打人行凶的器械，传授他（她）们多长的鞭子打人最合手，还夸奖第 15 号凶手的鞭子编得好。这次所谓的"了解情况"实际上正是对罪犯的纵容和宽恕，叫我们想到北京西城公安局和西城纠察队的关系。

一个工人的生命就这样结束了。

我们要愤怒地斥问，王金的死是一个偶然的事件吗？不，绝对不是！因为在这以前，外语学校早已连续发生过几次抓人、打人事件，但是这并没有引起旧省市委的重视和注意，以致最后酿成王金的惨死。

王金事件绝不是不能避免的。就在王金和叶家复被残酷拷打的当晚，511 厂有一个工人已将情况告诉近在外语学校咫尺的市委联络站，李秋阳转告市委书记高黎光。可是，高黎光好梦方酣，醒来后才不耐烦地吩咐红卫兵总部去处理（即西城纠察队式的南京红卫兵警备纠察队）。此外，驻外语学校的市委联络员、校长陈凤肖、华业荫[①]，明知有人被打却一声不吭，听之任之。在这帮老爷的眼中，一个工人的生命究竟值几个钱？

[①] 原文为华月荫。

搬起石头打自己的脚

王金的死并没有清醒旧省、市委中一小撮反革命修正主义分子的头脑。他们在处理王金事件的整个过程中，反而变本加厉地推行资产阶级反动路线，继续与无产阶级文化大革命为敌。

中共中央关于无产阶级文化大革命的决定即十六条，明确指出，对证据确实的杀人、放火等犯罪行为必须依法处理。王金是一个普通的工人，他既不是党内走资本主义道路的当权派，也不是历史反革命，更不是现行反革命，可是，外语学校以 XXX（第 1 号凶手）、XXX（第 2 号凶手）、XXX（第 3 号凶手）为首的一伙仅仅因为他抢三张传单就"怀疑"他，并且逮捕他，这是非法的而且在已经确切知道王金的身份是工人以后，还活活地把他打死，这就更不能容忍。王金是被打死的，这有他血肉模糊的尸体和法医鉴定为证，有大小凶器和血迹斑斑的现伤为证。主犯 XXX（第 1 号凶手）和从犯 XXX（第 2 号凶手）、XXX（第 3 号凶手）的残酷行为已经构成犯罪，可是，江苏省委、南京市委却无视十六条，不顾法纪，公然冒天下之大不韪，采取种种卑劣手段妄图把这个惨痛的流血事件和激奋的群众压下去。

为什么省市委这样害怕王金事件？为什么他们不敢严肃惩办凶手？因为他们怕革命群众把王金事件和当时轰动满城的人民大会堂窝藏反动画像事件和雨花台事件[①]以及扬州事件联系起来，作为向省市委开火的炮弹。他们更害怕革命群众插手王金事件的处理，刨根挖底，揪出杀害王金的真正凶手——省市委，从而动摇他们早已处于风雨飘摇之中的统治宝座。另外，他们拿严肃的无产阶级法纪作交易，买动这一小撮杀人凶手作他们的支柱，作为他们推行资产阶级反动路线的工具。所以，刘中在干部会上公开叫嚷说："谁指责红卫兵有问题，就是犯了方向路线性的错误。"于是几方呼应，拼命地划框框、定调子，把犯罪说成是"错误"，把"错误"说成

[①] "人民大会堂事件"是指在南京人民大会堂里发现了蒋介石的画像事件。"雨花台事件"是指雨花台烈士陵园管理不善，造成革命烈士遗骨暴露在野外。造反派以这两个事件为理由，跑到省委去闹事（董国强，2009）。

是"缺点"。是缺点当然改就行了。这样一来大事就化小，小事就化了。

为了达到这些不可告人的目的，从省委到市委直至居民段，在南京城刮起几股压制群众起来的妖风。

9月29日，就在王金事件后的这一天，在要武区委匆匆召开有区委书记高庆华、市文革张海萍、市工业政治部于峰、要建公司①书记周仁、三队指导员胡云钦、王金爱人②郭琴所在单位的领导、街道主任等出席的紧急会议，决定立即把尸体处理掉，免得工人抬尸体上街，并且一定要稳住，高庆华并从胡云钦那里把外语学校带王金的介绍信也收走交给市公安局长雷绍典，教他去欺骗工人。在这以后的几天里，高庆华组织三队的工人"赤卫队"③，打击革命工人，并且支持"赤卫队"去北京和调查王金事件的工人唱对台戏。这一股妖风就是王楚滨摇芭蕉扇括起来的。他在最后一次会议上凶相毕露地说："谁要再把事态扩大，我们决不会放过他的。"欲盖弥彰，省市委的丑恶嘴脸通过王楚滨的嘴暴露无遗。

与此同时，在外语学校，市委也紧锣密鼓，推行一系列工作。首先，王昭铨指示把现场冲洗得一干二净，把凶器也来个彻底销毁。接着在10月11日晚间用小汽车把XXX（第1号凶手）送到飞机场，乘飞机到山东，同行的是学校人事秘书徐漪波。学校工作也作重新分配。有负责接待的、有负责做学生工作的、有担任"保卫"的等等。市教育小组为加强领导，还特派朱鸣、林育才、孙桂生等六、七人到学校去工作，并且派一个社教工作团，在群众中混淆是非，转移目标，大抓"扒手"着实干了不少罪恶的勾当。

10月2日，要建三队④的工人不顾市区委的层层控制，首先贴出"强烈抗议外语学校的学生打死工人一事的大字报"，全城为之震动，接着满城风雨话王金，要求严惩凶手的大字报贴满主要街头和广场。这是群众广泛的对资产阶级反动路线的大声讨。"山雨

---

① 即玄武区建筑联社。
② 直至文革，中国人将配偶称为"爱人"。
③ 文革初期的保守派组织。
④ 即玄武区建筑联社第三工程队。

欲来风满楼"，省市委老爷们像热锅上的蚂蚁一样。彭冲、许家屯、刘中、王楚滨、郑康、陈慎言在会上声嘶力竭地为罪犯开脱，混淆视听，颠倒黑白，并且在各机关、企业、学校大放厥词。于是成千上万奉命而出的"正面"大字报出现了，有铅印的、油印的，满城贴、满街散，其说不一，其意则一。是说打死人"大方向是正确的"，是"人民内部矛盾"，所以不必法办，只要认识就行了。

　　１０月７日晚，王昭铨亲自坐镇外语学校，借口"形势紧张"把全部学生连夜撤到苏皖交界处的小丹阳去，同时去的还有十几个市委的工作队员，以便了解学生的思想动态。他们不仅更改校名欺骗贫下中农，就是连学生家长也不让知道孩子究竟到哪里去了。后来阴谋败露，才把学生调回来。但接着又让他（她）们纷纷外出串联去了。在这期间，市委王昭铨和外语学校霍继光等人在学生中大刮阴风，把革命造反派说成是土匪和暴徒，从中制造学生对革命造反派极端错误的看法，阻碍外语学校文化大革命运动的开展。

　　在王金事件处理过程中，旧市公安局是执行省、市委资产阶级反动路线的忠实工具。局长雷绍典亲自抓，副局长王忠则赤膊上阵，特别卖力。他们开始借口"绝密"，不许工人看王金的法医鉴定和刑事摄影，继而干脆把法医鉴定中的详细叙述全部删掉，把刑事摄影中的几张惨不忍睹的照片砍掉，以此来避免引起更大的公愤。他们分兵几路，派出大批的便衣密探；在外语学校他们公开赞扬打死人的行为算不了什么，在街上，他们把大字报一份份抄下来，把听来的一言半语记下来，当作"社会动态"向王忠汇报。此外，他们还通过派出所、居民段把三队15个工人整成"反革命"，并准备立即逮捕其中的一个。他们把矛头指向革命群众，指向革命组织，唯独不指向犯罪分子。五处的一个科长张国义在市局的授意下，连"打死人是犯法的"这句话都不敢讲，可见当时的压力是如何之大。

　　"搬起石头打自己的脚"，这是中国人形容某些蠢人的行为的一句俗语。各国反动派也就是这样的一批蠢人。他们对于革命人民所作的种种迫害，归根结底，只能促进人民的更广泛更激烈的革命。革命群众在毛主席革命路线的光辉照耀下，迎头痛击资产阶级反动路线的猖狂反扑，"九.二八调查团"在革命的暴风雨中杀出来了；

社教工作队的同志起来揭发了；公安局的同志，市委工作的同志起来揭发了；外语学校的同学起来揭发了......什么陶铸对省市委处理王金事件的"肯定"，随着运动的发展遭到彻底破产。

王金事件之所以复杂，不是事件的本身，而是江苏省委、南京市委由于"怕"字当头，采取对凶手的纵容包庇，对革命群众的镇压打击，推行一条彻头彻尾的资产阶级反动路线把事态搞复杂，所以王金事件不是一个一般的刑事案件。

对王金事件的最后处理不仅追究刑事责任，惩办几个小家伙的问题，更重要的是彻底肃清刘、邓资产阶级反动路线，彻底批判那种形"左"实右所谓"自来红万岁"以及"老子英雄儿好汉，老子反动儿混蛋"的反动谬论，使那些深受这条反动路线毒害的青年一代，摆脱这精神上的羁绊和枷锁，真正地站到毛主席路线这一边来。

附录：两份不同的法医鉴定书

（调查团按语：旧省市委把旧政法部门当作推行资产阶级反动路线的御用工具，而旧政法部门又唯命是从，心甘情愿。旧市公安局长，副市长雷绍典秉承主子江渭清、彭冲的旨意，指使奴才副局长王忠亲自出马，肆意篡改法医鉴定纪实，删掉部分目不忍睹的刑事摄影，这两份法医鉴定书的对比就是旧省市委顽固执行资产阶级反动路线的罪恶铁证。）

经过删改过的公安局法医鉴定书如下：

南京市公安局第五处法医鉴定书

（66）公刑验字第 385 号

1966 年 9 月 29 日上午 11 时许，接外国语学校红卫兵 XXX（第 1 号凶手）报称："发现一个形迹可疑的人，被我们抓来打死，尸体已送往火葬场。"接报后，张国义科长率领法医前往清凉山火葬场进行尸体检验。现将有关检验情况，鉴定如下：

死者头部有血肿，颜面部有十多处挫裂创。两上肢、胫部、背部、肩部、肩胛部以及小腿前面，均有广泛性皮下淤血及表皮剥落。这种全身性大面积损伤，完全可以引起外伤性休克死亡。

死者身上的损伤有血肿，小挫裂创，广泛性的皮下淤血及表皮剥脱等，其性质均为钝器打击伤。从其损伤的特点来看，符合棍棒、皮鞭、皮带、铅丝鞭、手足等物体多次重复打击所形成。

结论

死者王金系被棍棒、皮鞭、铅丝鞭、皮带、手足等物体多次重复打击，造成全身大面积的损伤，引起外伤性休克死亡。

鉴定人：法医王慕生　1966 年 9 月 29 日

原始的公安局法医鉴定书如下：

南京市公安局第五处法医鉴定书

（66）公刑验字第 385 号

1966 年 9 月 29 日上午 11 时许，接外国语学校党支部徐漪波报称：“发现一个形迹可疑的人，被我们抓来打死，尸体已送往火葬场。”接报后，张国义科长率领法医前往清凉山火葬场进行尸体检验。现将有关检验情况，鉴定于下：

一．案情简述：

据外国语学校红卫兵负责人 XXX（第 1 号凶手）介绍：死者王金，男，47 岁，住本市鸡鹅巷 21 号，系要武区第三修建工程队二级壮工。9 月 27 日晚，在新街口一带闲逛，见红卫兵散发传单，上去要了两张，外国语学校红卫兵观其同一老头斗了一支香烟[①]，好像给老头一张有打火机那样大的纸条。于是便认为其形迹可疑。第 16 号凶手等五位红卫兵跟踪死者，至鸡鹅巷口，上前盘问死者做何工作，并要随他们去学校一趟，走至人民大会堂，死者遇到指导员，

―――――――――――

[①] 笔者注："斗了一支香烟"是南京方言，意为点了一支香烟。

才被保回去。28 日上午又从单位逮回外国语学校，进行审问、关押、拷打，于 9 月 29 日上午 7 时左右，被打致死。

二. 检查

尸体躺卧在清凉山停尸房。上身穿白色套头汗衫，下身穿蓝背带工人裤，裤子口袋中有硬币二分，粮票 1 两，内衬深蓝底白细条衬裤头，脚穿蓝色深统球鞋（照片）。上身衣服上染有许多血迹（照片）。

死者身长 163 厘米，留西发，发育正常，体格中等，头发之间及颜面部满附血痂（照片）。两眼睛睁开，眼睑结合膜苍白，角膜清明，两侧瞳孔散大，直径为 0.6 厘米，全身有广泛性外伤，现分别记述于下：

（一）头部：右顶结节部有血肿一处，大小为 5x5 厘米（照片），质正中部有血肿一处，大小为 4x5 厘米，该两血肿已融洽相连一起，左颈部有一挫裂创，大小为 2x0.5 厘米，深达头皮下（照片）。

（二）颜面部：两眼眶周围有紫蓝色斑块。右眉弓部外侧端有一挫裂创，大小为 2x0.3 厘米（照片），额部右侧靠发际处有一挫裂创，大小为 2x0.5 厘米，深达肌肉（照片），左侧眉弓部有一表浅挫裂创，大小为 1x0.1 厘米；左眼外侧角有三个挫裂创，分别大小为 1.5x0.8 厘米；1.5x0.2 厘米；1x0.2 厘米，深均达肌层（照片）。左颧部有一挫裂创，大小为 2.3x0.5 厘米（照片），左耳廓外缘及背面有四个表浅的小裂创，左耳垂有一撕裂创，长 1.2 厘米（照片），上唇左侧有一挫裂创，大小为 1.5x0.2 厘米，中间有皮瓣相连。

（三）颈部：颈部左侧有条形交错的表皮剥脱，总面积为 6x7 厘米（照片），颈部左侧有散在性的表皮剥脱三小块（照片）。

（四）上肢：两上肢整个呈暗红色肿胀，其后，外侧有许多密集的条形，小块片状及"T"形的表皮剥脱，两手背隆起，摸之发软（照片），左手腕背部有一挫裂创，大小为 1.3x0.7 厘米，深达肌层。

（五）背部：两肩胛部，两肩部有广泛性的暗红色皮下溢血（照片）。

（六）下肢：两小腿前面有广泛性块皮状淡红色皮下溢血（照片）。

三．说明

（一）根据检验，死者头部有血肿，颜面部有十多处挫裂创，两上肢、胫部、背部、肩部、肩胛部以及小腿前面，均有广泛性皮下淤血及表皮剥落。这种全身性大面积损伤，完全可以引起外伤性休克死亡。

（二）死者身上的损伤有血肿，小挫裂创，广泛性的皮下淤血及表皮剥脱等，其性质均为钝器打击伤。从其损伤的特点来看，符合棍棒、皮鞭、皮带、铅丝鞭、手足等物体多次重复打击所形成。

四．结论

死者王金系被棍棒、皮鞭、铅丝鞭、皮带、手足等物体多次重复打击，造成全身大面积的损伤，引起外伤性休克死亡。

鉴定人：法医王慕生　1966 年 9 月 29 日

附录：王金的简介

王金，又名王幼臣，男，出生于 1919 年月 5 月 14 日，（现年 47 岁）。生前在玄武区建筑联社第三队当二级壮工，住鸡鹅巷 21 号。

一．家庭政治情况：

王金出生于苏州某乡下一农民家庭，刚出生六个月死去父母，被人带来抚养成人，后与养父母的女儿郭琴结婚，现在的岳父母也就是他的养父母。

岳父郭正明，1962 年病故。经查，自幼学织花缎，日本投降后做小生意，当过旅馆茶房，解放后继续做织花缎，历史上参加过一贯道。

岳母刘贵宝，67 岁，替人梳头，历史上参加过一贯道，当过巫婆。

妻郭琴，34 岁，现在南京市人民印刷厂四级工，历史上参加过一贯道。

妻妹郭玉，现在六合县某小学任教。

二．王金本人的政治历史情况：

本人系伪军官。属一般历史问题，无政治问题，不是反革命。

1926－1932　　江苏吴县中心小学学习。

1932－1933　　在江苏吴县沧浪亭东美大学附中读书。

1934　　在福州市人民革命军政府第三方面军医务所任司药。

1935　　南京医学讲习所七期学员。

1936　　伪军委会军医预备团学员，后在安徽宣城铁道部铁路医院任司药

1936－1939　　伪内政部卫生署战时卫生人员训练班任区队副，分队长。

1940－1944　　湖南莱阳医院任司药。

1944－1945　　南京汤山陆军医院药局任司药。

1946－1948　　南京三十四标伪陆海空军医院任司药，二阶佐理员。

1948－1956　　南京做小商小贩维生。

1956－1957　　徐州市中央煤炭基本建设局卫生科任药剂师。

1958　　玄武区钢铁厂行政科工人。

1959－1961　　玄武区第二、四工程队任壮工。

1961－1963　　自动离职做小商小贩，也有小商贩卖油、鞋、布票等。

1963－死　　　　玄武区建筑联社第三队二级壮工。

历史上主要问题：1947 年在南京伪陆海空军医院时，由该医院药局金文鑫主任介绍，参加南京市党部三十四标区分部临时党员，党证号码 0109 号。

三．死前主要表现：

1．1961 年在工程队自动离职后，因为生活的关系，曾在自由市场进行小商贩卖油、鞋、布等票证，被揭发后，经派出所教育，再未发现类似情况。

2．原材料说："王金在 1962 年战备时，曾说美国给蒋介石许多武器，要反攻大陆，有变天思想。"这个问题经我们再三核实，原反映人说："王金在 1962 年 9、10 月份说老蒋要反攻大陆，这一仗打起来就要发生第三次世界大战，谁胜谁败也不清楚。"这是看报纸后说的，我们认为这是公布后的事情，不算反动话。

3．平时表现。通过第三队工人及领导调查来看，该工人在工作上是踏实肯干的，学习上能积极参加读报、记笔记、积极发言，在小组记工等工作上都能认真负责，在工人与领导当中，没有坏的反映，在日常生活上就是个性暴躁一些，爱和工人吵架打闹，但吵过打过后能主动去和对方交谈和好。

在文化大革命运动中，没有坏的表现，在破四旧中，据其妻说积极地把家里的祖宗牌位拉下来烧掉。身上装着语录本，有时在家里看。

1967 年 1 月 7 日市公安五处整理

附录：参与王金事件的学生名单

编号	年龄	家庭出身	年级	性别
1	17	军干	初三①	男
2	18	革干	初三	男
3	17	革干	初二	男
4	15	革干	初一	女
5	16	革干	初三	女
6	15	革干	初二	男
7	15	革干	初二	男

① 调查报告中的学生姓名在此处隐去。家庭出身一栏隐去红卫兵的父亲具体工作单位，以保护个人隐私。学生当时的年级是笔者根据学校的校友录查出。

编号	年龄	家庭出身	年级	性别
8	16	革干	初三	男
9	13	军干	初一	女
10	17	工人	初三	男
11	16	革干	初二	女
12	16	革干	初一	男
13	16	革干	初三	男
14	17	军干	高一	男
15	16	军干	初二	男
16	16	工人	初二	男
17	16	军干	初二	男
18	16	军干	初三	男
19	17	烈属	初三	女
20	15	革干	初一	女
21	15	革干	初一	男
22	15	革干	初一	男
23	16	革军	初三	男
24	17	革军	初一	男
25	不详	不详	初一	男
26	16	革干	初二	女
27	15	革干	初二	男
28	15	革干	初二	男
29	不详	不详	初二	男
30	不详	不详	初二	男
31	不详	不详	初二	男

尚有上海串联学生 1、2 个人。

（调查报告的更多附件请参见本书附录 1-8。）

第4章 王金事件的结局

4.1. 调查报告与南外校友传闻之间的差异

在调查报告中，王金事件的起因与前面提到的第三种说法比较接近。但是存在着诸多的微妙差异。首先，调查报告中特别提到"国际打狗队"和"蓝衫队"的问题，明确指出这是省、市委为了替打人凶手开脱罪责造谣惑众制造的谎言。社会上是否存在过这些组织现在已经无法考证。在大量的回忆文革的文章中，没有人提到过该两个组织，在当时的中国社会中还很少有人敢与红卫兵公开作对。指控这是谎言的说法有一定的根据。

第二，王金被抓时的穿着也有不同的版本。调查报告中描述王金是"穿着普通工作服的人"。这一说法是有针对性的，据传当时南外的红卫兵抓王金的另一个原因是他头梳西装头，脚穿一双皮鞋。调查报告中特意强调王金穿着普通的工作服，以示王金是一名穿衣普通的工人。

第三，王金事件中的另一位受害人叶家复的情况与第三种说法也有差异。调查报告中没有提到叶家复的逃跑。根据调查报告，他的被抓与王金之死毫无关系，完全是另一桩独立的抓人和打人事件。而对于南外了解王金事件的校友来说，叶的逃跑一事几乎人人皆知。笔者在当年就听说过。因为叶的逃跑，"思想兵"恼羞成怒，又把王金抓来审问，审出王金的历史问题，结果导致王金被打。这一情况逻辑上说得通。当然，这种说法并不能减轻凶手的罪责。

第四，调查报告中王金的简历与南外同学中所流传的说法也有两处明显的差别：王金在淮海战场上被中共军队俘虏一事和在徐州医院里因医疗事故坐牢一事没有出现在调查报告中。但是，调查报告中特别澄清王金的历史问题。根据调查报告，王金的历史是清白的，只有一般的历史问题。关于王金历史上有问题的说法在南外的校友中流传甚广，笔者在当时也早有耳闻。按照当时中国社会的标准，玄武区建筑联社是个阶级成分复杂的单位，里面有大量刑满释

34

放的人员和有所谓的历史问题的人员。王金被中共军队俘虏和因医疗事故坐牢在该单位不算是稀罕事。

为什么会出现上述诸多的差异？这个问题对于 60 年后的今天已经没有任何实际意义。无论另一个受害者叶家复是否前一天夜里逃跑，无论王金当时留有何种发型，穿着何种鞋子，无论王金是否被中共军队俘虏过，无论王金因医疗事故被判刑与否，都不能减轻打人凶手的罪责。但是，这些差别在当时的中国却有着非同小可的意义。

如果王金确实被中共的军队俘虏过，如果他确实被判过刑，那么他属于"地富反坏右"一类，是无产阶级专政的对象，红卫兵殴打王金就有"正当的"理由。北京被红卫兵打死的人数有案可查的达 1,700 多人。这些人或多或少都有所谓的历史问题。那些红卫兵并没有受到任何的追究和法律制裁。套用同样的原则，南外的红卫兵如果是"好人打坏人"，那么他们责任就要小得多。如果叶家复前一天夜里逃跑，红卫兵第二天因为寻找出气筒打死王金，罪责也许可以小一些。而且如果王金在被抓时真的穿着皮鞋留着分头，打扮时髦，那么在破四旧的文革期间，这一行为本身就应该受到打击，打王金自然成为正当的革命行为。

调查报告中也有自相矛盾的地方。例如，报告正文说："驻外语学校的市委联络员、校长陈凤肖、华业荫，明知有人被打却一声不吭，听之任之"。但是在另一处，国营 X 厂工人的大字报里却说，"市委的联络员与该校校长他们打王金等人，也劝阻过，但他们不听，想打电话，电话被他们把住，想出校门去报告，校门口也把住不许出，这些都是不懂事的孩子能干的出来的吗？"从后者的说法可以看出，市委联络员和校长曾劝阻过并试图向上级报告未果。

调查报告公布时，省、市委已经瘫痪，大多数的领导人已经被打成走资派而失权。在对立面已经没有话语权的情况下，调查团的报告稍稍地偏向受害者是可以做到的。笔者并非试图否定调查报告中红卫兵打死王金的基本事实，而是对其中的某些细节加以考证，力图使读者能够更接近事实真相，从而更深刻地了解当时的中国社会。

　　两份法医鉴定书除了细节方面的差别外，有一处重要的差别值得一提。原始法医鉴定书中报案人是南外的人事秘书徐漪波。而更改过的法医鉴定书中则称第 1 号凶手为报案人。这一改动明显的有袒护红卫兵的目的。红卫兵打死人，主动报案，罪责可以减轻一些，至少从态度上说是自首。而如果红卫兵打死人，是由其他人报的案，那么至少说明红卫兵当时并没有意识到问题的严重性。

　　关于打人责任的问题，南外中流传的两种说法与调查报告完全不同。根据调查报告，第 1 号和第 2 号凶手不仅要担负组织责任，他们俩同时也是打人凶手。

　　尽管南外校友中流传的说法与"九.二八调查团"的调查报告之间有诸多的差异，但是对于红卫兵打死工人王金这一基本事实，无论是官方还是民间的调查都是没有疑问的。当时官方也有一个"王金事件调查团"，由玄武区建筑联社的领导胡云钦和马贵臣组成。官方与民间的主要分歧点在于如何处理凶手。官方坚称红卫兵打死王金属于"好人打坏人"，"大方向正确"，所以凶手不必受到法律制裁。但是广大民众却坚持杀人偿命，凶手必须严惩。

4.2. 缉拿凶手

　　1966 年 12 月 30 日，市政府在民众的巨大压力下决定缉拿凶手。参与殴打的南外的"思想兵"共有 31 人，只有一名是高一的学生，其他人都是初中的学生，其中初三的有九人，初二的有 13 人，初一的有八人。他们中年龄最小的只有 13 岁，最大的有 18 岁，大多是 15、16 岁的孩子。凶手中有六名女生。这些学生中只有二人是工人子弟，四位学生未注明家庭出身[①]，其余的 25 人是革军革干子弟。

　　南外的红卫兵打死王金与北师大女附中的红卫兵打死她们的副校长卞仲耘的情况非常相似。红卫兵是你一拳我一脚打的，至今说不清楚到底谁是主要凶手。当时在场的人应该个个有责任，他们都是凶手。

[①] 据笔者所知，他们也是革军革干子弟。

与北京红卫兵打死人不同的是，王金事件刚刚发生，王金生前的同事就站出来为王金鸣不平。他们的抗议引发南京民众的强烈反弹，联合调查团穷追不舍，迫使当局协助调查，在数月内把真相公布于众，使得打人细节没有被遗忘。"九.二八调查团"对历史做出的贡献不仅仅是弄清打死王金的真相，更重要的是对南京市乃至江苏省红卫兵的暴力行为起到阻遏作用。王金事件以后，南京红卫兵无故打死人的现象得到扼制，许多无故的百姓逃脱厄运，保留"九.二八调查团"的报告的南外的吴玉璋老师就是其中的一位受益者。她当时被批斗得很厉害。她赴北京告状，被南外在京的红卫兵发现抓回来，打得更惨。吴老师生前总是说，"王金是我的替死鬼"。

市委决定逮捕三个人：XXX（第 1 号凶手）、XXX（第 2 号凶手）和 XXX（第 3 号凶手）。第 4 号凶手（作者的同班同学）虽然是打得最厉害的凶手之一，但是可能因为她是女生而且年龄尚小，得以逃脱惩罚。第 1 号凶手的父亲是南京军区后勤部的少将副部长，是位 1929 年参加革命的老红军。在逮捕凶手的大会上，第 1 号凶手的父亲公开表态，表示儿子犯法，应该受到惩罚，作为父亲支持有关部门的决定，决不包庇纵容自己的孩子。他的诚恳态度对于平息民众的愤怒起到一定作用。第 1 号凶手的父亲在其单位口碑相当不错，是位受人尊敬的将军和长者。

平心而论，第 1 号和第 2 号凶手为人挺好，在南外的师生中口碑甚佳。尤其是第 1 号凶手，虽然其父位居高官，他从不盛气凌人，平时尊重老师，与同学相处和睦，学习也很好，在同学中颇有威信。第 1 号凶手被捕后，他的老师不顾自己还在受审查的处境，不止一次地呼吁要求释放第 1 号凶手。

4.3. 凶手们后来的命运

第 1 号、第 2 号和第 3 号凶手被拘留近两年，于 1968 年 10 月工宣队进校后，由工宣队把他们从监狱里领回学校。他们三人下乡，成为下乡知识青年。后来第 1 号凶手通过父亲的关系参军，在南京军区的装甲兵部队服役。由于监狱里的恶劣生活和严重的精神打击，第 1 号凶手得了忧郁症。他变得沉默寡言行动迟缓，无法适应部队的紧张生活。他后来进入大学学医，毕业后在南京军区总医院检验科任技师直至退休。第 2 号凶手后来去了江苏的镇江，退休以后在南京开一家餐馆，成为一位商人。

与第 1 号和第 2 号凶手不同，第 3 号凶手在"思想兵"中并非重要骨干。他的个子不高，戴一副眼镜文质彬彬，从外表上看，绝对寻觅不到一丝的杀气。他参与最后一次打王金，打得比较厉害，因此也被列为惩办对象。第 3 号凶手被释放后也参军，成为一名工兵。他酷爱唱歌，在服役期间参加当时流行的样板戏的演出。为增强舞台效果，他参与舞台爆炸火药的制作。不幸的是，火药发生意外爆炸。他的双眼被炸瞎，双手只剩下三根指头，成了特等残废军人，住进荣誉军人院。第 3 号凶手的养父母相继去世，孤身一人度日，于 2018 年 5 月去世，摆脱了 40 余年双臂缺残双目失明的痛苦。

参与打死王金的其他人多数参军，退出现役后均获得稳定的工作，有不少人仕途发展顺利，他们中有的成了大学里的教授（包括欧美大学）或专业人士，有的成为国家机关、企业或事业单位的干部，也有的下海经商，成为阔绰的商人。

4.4. 调查团工人成员后来的命运

相对于打人凶手，"九.二八调查团"的成员却远没有那么幸运。最悲惨的是查全华。查全华曾是南京 24 中的学生，其才艺、特有的气质与亲和力使他在同学中成为佼佼者，初二时被推选为校学生会主席。查全华敏而好学，课余时间埋头读书。查全华喜欢写作，曾以"悲秋"笔名写些文章。当年正值中苏论战，报刊连续登载"九评"苏共中央公开信，引起查全华的兴趣。在他的带动下，同学们积极投入学习讨论，各抒己见。他们的讨论超出中苏论战范围，涉及国情、国策等诸多问题，其中不乏非主流的见解。1963 年初，查全华和他的同学成立一个学生社团——"癸卯宁条约"，并决定出一份不定期的刊物。

不料一位同学不慎将第一期"期刊"遗失。因上面写有涉及时政且不合时宜的内容，使得各位成员深惧影响自己的前途，一致决定停止活动。所幸的是，学校并没有任何动静。估计遗失的"期刊"可能被当成废纸扫入垃圾箱。

毕业时查全华报考"第四军医大学"护士班，因家庭成分有问题，查全华政审不合格未能遂愿。他弃考高中转由学校报名参军入伍。新兵集训结束时，查全华的出众表现与才华被连队领导相中，成为连队文书。

谁知祸从天降，当时在南京铁路运输学校就读的一位同学去信给查全华，告知他正在争取入团，想把初中时"癸卯宁条约"一事向组织做思想汇报，为此征询查全华的意见。此信被部队截获，直接导致查全华提前退伍，而且退役证上注明"不服预备役"。实际上，这是宣告查全华政治生命的结束，他已经沦为一名"内控人员"。

退役后查全华被安置于南京玄武区建筑联社修建三队。此时的查全华在政治上已无所求。好学的他喜好上哲学，开始研读黑格尔、费尔巴哈、马克思、列宁等人的著作。闲时偶与志趣相投的中学同窗相聚讨论。

1966 年，文革开始。查全华的同事王金被南外的红卫兵打死。查全华义愤填膺，为死者申冤，发起成立"九.二八调查团"，两次赴南京娃娃桥看守所，提审已被收押的第 1 号凶手。后来，文革的发展使查全华冷静许多。他辞去工人组织中的职务，不参加当时的派别争斗，游离于文革之外。他潜心钻研马、恩、列、毛的著作，试图从理论上剖析这场运动。

1968 年 12 月 8 日查全华的朋友柯德远即将插队盱眙农村，另一位同学也将从南京林业学校分配至东北。为替他们送行，查全华及另外两位同学与柯德远到林业学校的同学处聚会。这天他们成立"马列主义小组"。按照查全华的想法，当时并没有成立一个政党的必要，建党时机尚未成熟。"马列主义小组"是为迎接可能发生的革命做些思想准备，称为小组更适宜些。今后，根据形势的发展再决定后面的行动。

　　查全华是当然的组长。查全华喜欢写作，以母姓起笔名"罗左"，显示他做一个左派的志向。被当局定为反革命政治纲领的"论二次革命"是这段时间写的一篇文章。当时只有两人看过。其中一人是柯德远，他担心留下此文会遭祸，阅后即烧毁。该文并不是什么"政治纲领"，仅是查全华尝试运用马列的理论，剖析这场史无前例的文化大革命及其给国家与人民带来的灾难，将平时大家讨论的东西作一个总结。该文对当时的那场文化大革命持彻底否定的立场。

　　"二次革命"的提法是查全华预测将会发生的事情。他的依据是，造神运动出现的"早请示晚汇报"、搭"忠字台"、全民大跳"忠字舞"、"万寿无疆"、"永远健康"等愚民政策物极必反。最终民众是不会被愚弄的。众多的革命功臣被打倒，知识分子被冠以"资产阶级"，停课停产的革命，学生插队农村，民众稍不小心即因言获罪。凡此种种，导致的结果必然是走投无路的民众起来反抗。毛林自毁国家基石，随时可能引发革命，并很有可能爆发于党内当政者内部。

　　1969 年初，"马列主义小组"中的王某再三向查全华提出，本厂青工朱某主动向其靠近，迫切希望加入"组织"，王某又拉上另一工人张某，认为成立南京玻璃厂马列主义小组条件已经成熟。王某力主成立南玻小组，要求查全华出席他们的成立现场，被查全华拒绝。后来应王某的请求，查全华写了一篇祝贺南玻小组成立的短文。查全华和柯德远当时的担心得到证实，朱某实际上是官方的卧底。

　　查全华写的"论二次革命"的文章被当局定为反革命政治纲领。1969 年 12 月 15 日，查全华被当时掌权的南京市军管会以反革命罪判处死刑。军管会的第一把手是吴大胜，是第 1 号凶手的父亲的部下，来自南京军区后勤部，其中的奥秘和联系留给读者自己去体会。柯德远作为同案犯也被判刑。与查全华素不相识却为之鸣不平的下乡知识青年陈卓然不久后也被处决，陈的同案犯苏小彬被判处 15 年徒刑（任毅，1998）。

1979 年 8 月柯德远出狱后去探望查全华家人，才得知查母罗夫人不堪失子之痛含怨九泉多年。查父贵良老先生抓住柯德远的手，流泪不已，探问他们究竟做了些什么，不明白他们引以为豪的优秀儿子为什么被杀。

查全华的二哥告诉柯德远，当年去要查全华骨灰时，还被迫接受支付子弹费等诸多刺心的羞辱后才获准三天后领取查全华的骨灰。查全华的二哥念念不忘火葬场极具正义感和同情心的那位师傅。在师傅的帮助下，查全华的二哥躲开监管的公安人员，潜入停尸房见到亲人的遗体。子弹从后脑贯穿头部，惨不忍睹。查二哥说当年一位刑警曾对他吼道："你弟太顽固，什么都是'没做过'、'没写过'，什么都不承认，太反动太嚣张。我们有证据，照样判他死刑！"查全华的父亲直到 1979 年底才收到对查全华"予以昭雪"的判决书（柯德远，2011）。虽然查全华和陈卓然的案件最终得到平反，但是人已经被冤杀不能死而复生。但愿查全华和陈卓然在天有灵能够知道，在数十年仍有人记得他们，颂扬他们在文革中所做出的英勇壮举。

其他的"九.二八调查团"主要成员在后来的清查五.一六运动中均遭受厄运，成为反革命分子倍受迫害。有的人从此心灰意冷再也不介入群众运动。有的人仍不甘心，在后来的几次大规模的民主运动中有所表现，但是终不能成气候。由于企业改制，他们的生活受到影响，很多人在贫困中度日。目前，他们都已经谢世，但愿后世能够记住他们当年对历史做出的贡献。

文革中"九.二八调查团"与当局的抗争是一次不对称的博弈，是一次先胜后败的博弈，是一次虽败犹荣的博弈，它将名垂史册。

第 5 章 南北两起打死人事件的比较

南外王金事件引发的市民抗暴运动，导致老红卫兵暴力的终止。而红卫兵暴力的起始是北京师范大学女附中（以下简称"北师大女附中"）的卞仲耘事件①。该事件发生于 1966 年 8 月 5 日，是北京文革中的第一起打死人事件。

5.1. 暴力的开始

1966 年 6 月 1 日，《人民日报》发表题为《横扫一切牛鬼蛇神》的社论。聂元梓的第一张大字报也在第二天的新闻联播中广播。北师大女附中的三位学生，刘进、宋彬彬和马德秀，随即贴出大字报，指责学校领导阻碍学生参加文革。大字报使学校陷入混乱，三位贴大字报的学生受到谴责。

6 月 3 日晚，中央团委的胡启立到学校，表示支持三位贴大字报的学生。次日，以张世栋为首的工作组进驻学校。6 月 6 日，工作组主持成立校革命师生代表会，由二名教师和五名学生组成学校领导班子，原校领导靠边站。各班的团支部和班委会被废除，取而代之的是班核心小组和年级核心小组。

在工作组的领导下，6 月 21 日下午，学校召开揭批校领导的大会。卞仲耘校长一人站在台上，其他四名领导站在台下。次日继续开批判大会。两次大会都发生针对校领导的暴力行为，卞仲耘挨打最多。卞仲耘在被批斗的当天，向中央和邓小平写信反映被打的情况，希望中央能制止暴力，但是并未获得中央的回应。7 月 3 日，卞仲耘被工作组定为敌我矛盾。7 月 5 日，工作组向邓小平汇报情况，邓对卞仲耘被定为敌我矛盾未表示异议。7 月 30 日，工作组召开全校大会，宣布撤离女附中，原因是毛对工作组领导文革不满。

---

① 本章叙述基于：王友琴（1988，1995，2004，2010，2014），启之（2013），冯敬兰等人（2010），郎钧（2012），冯翔（2014）。

在工作组的领导下，卞仲耘已经遭到严重的暴力对待，工作组的撤离意味着卞将承受更残酷的暴力。

5.2. 女校长之死

工作组的撤离，在某种程度上造成学生思想的混乱。8月4日，卞仲耘被勒令交出她写给中央的信的底稿。8月5日，被打成牛鬼蛇神的人员接到通知，命令他们参加下午召开的批斗大会。批斗分为四个阶段。首先，五位校领导在操场上游街，绕场三周以吸引更多的学生。第二阶段是领导们被拉到学生宿舍前的高台上受批斗。批斗完之后，他们被强迫在校园内抬土。最后，他们又被分散到各处去打扫走廊和厕所的卫生。

下午2时，暴力开始。副校长告诉学生们，他们召开批斗大会需要得到市党委的批准。学生们不但不听，反而把一瓶墨汁倒在她身上。3时左右，学校领导被推上高台接受批斗。那位副校长又一次声辩她不是黑帮。有学生高喊，："到木工房去拿木棍去！"拿回来的是带有铁钉和螺丝的桌椅腿，打在人身上留下一个个血印。

批斗结束后，领导们被强迫去抬土。他们根本抬不动，又挨了打。大约在4时左右，卞仲耘倒下了。她躺在潮湿的土地里，流着血，嘴角吐着绿色的沫子，白衬衫已经变成黑色。几个工人被叫来，把卞仲耘拖走。学生认为卞是装死。

卞仲耘在无人关注的情况下被放在露天。直到晚上6:30，学生才让一位副校长把卞仲耘抬起来放入室内，但是为时已晚。当副校长清理卞身上的脏物时，知道她几乎没有救了，要求学生立即把卞送到医院抢救。后来，来了一位邻校的医生，打强心针。卞仲耘被送到附近的医院，晚上9时，医生宣布卞死亡。

卞仲耘死后，女附中的学生刘进和宋彬彬向北京市委第二书记吴德汇报情况。吴德迟疑一下，说道："死了就死了。"

5.3. 毛的支持

在卞仲耘死后的第 13 天，即 1966 年 8 月 18 日，毛在天安门城楼上接见百万红卫兵。为了证明红卫兵获最高领导的支持，作为红卫兵代表的宋彬彬向毛献上红卫兵袖章。

毛问宋："你叫什么名字？"

宋答道："宋彬彬。"

毛又问道："是文质彬彬的彬吗？"

宋答："是。"

毛说道："要武嘛。"

宋与毛握手，激动得不知所措。宋当时戴着一副眼镜，扎着小辫子。以后《人民日报》和《光明日报》刊载以宋要武为作者姓名的文章《我为毛主席戴上红卫兵袖章》。北京师范大学女附中改名为要武学校。宋为毛戴上红卫兵袖章的照片成为文革标志之一。毛提议宋彬彬改名为宋要武，暗示毛对暴力的默许，此后红卫兵暴力迅速蔓延全国。可以说卞仲耘事件是文革中红卫兵暴力的开端。

5.4. 王金事件与卞案的相同之处

南外红卫兵打死工人王金事件是文革中典型的老红卫兵打人事件，通过王金事件我们可以对文革中老红卫兵的暴行窥见一斑。我们不妨比较王金事件和卞仲耘案件，以便更深入地了解老红卫兵暴行的特点。王案和卞案有以下多处相同之处。

第一，上级不作为是导致悲剧发生的重要原因之一。1966 年 9 月 28 日下午 5 时，南京市委驻南外的联络员孙桂生和一些教师从大华电影院听完报告回到学校，听校长陈凤肖说学生抓来一个人。6 时左右，他向市委教育小组秘书组的朱兴祥作了汇报。可是严重的事态没有引起市委的重视。在王金被残酷拷打的当晚，511 厂工人杜书宝将情况告诉近在外国语学校咫尺的市委联络站，李秋阳转告市委书记高黎光。可是，高黎光正在睡觉，醒来后才不耐烦地吩附南京红卫兵总部去处理。驻外国语学校的市委联络员、校长陈凤肖、副校长华业荫知道有人被打却不敢劝阻。

卞案的发生地北师大女附中的情况也是如此。北师大女附中副校长胡志涛8月4日下午被打后，当晚她便去了位于学校马路对面的西城区委。她明确地说，学校领导人的人身安全没有保障。接待人员只是简单地把她的话记录下来。她仍不甘心，第二天早上登门造访北京市委和北京市负责中学文革的办公室。在市委没有人听取她的求救呼声。在北京市中学文革办公室，她被告知机构刚成立，提供不了帮助。北京市、区两级负责文革的机构在工作组撤离以后不作为是卞案发生的原因之一。

第二，受害者死了以后，上级的态度一致，默许红卫兵的暴行。根据北师大女附中刘进的回忆，当她们向时任北京第二书记的吴德汇报死人事件时，吴面无表情，停顿一阵子才说，"像文化大革命这样的运动，死人的事是不可避免的。她（卞仲耘）已经死了，死了就死了。"谢富治在红八月中举行的一次公安干部会议上说："红卫兵打坏人不能说不对，在气愤之下打死他就算了。如果说不对就给坏人撑腰，坏人嘛打死了就算了嘛。"

南外的红卫兵打死王金以后，省委书记许家屯也说，"在这么大的运动里，群众发动起来以后，在没有经验的情况下，犯这样那样的错误是不可避免的，这同平常时候打死人的事情是不同的。"他还说，"这不是敌我矛盾，是像打仗一样发生误伤。我们打仗也是这样，挂花、牺牲的是不是都是敌人打的呢?不是的。也有自己人的枪走火，误伤的。""你怎么能把走火误伤的人当敌我矛盾对待呢?你能都抵命吗?这是不可能的。"①这就是当时上层的态度。

第三，受难者是被红卫兵你一拳我一脚打死的。1966年9月28日晚，南外的红卫兵开始对王金施暴，第1号凶手夺过第2号凶手手中的铁条，猛抽王金两下，接着第2号、第4号、第20号、

---

① 江苏省革命造反派炮轰省委联合会、江苏省省级机关革命造反总部、江苏省省级机关革命造反总部省委办公厅分部。1967年。《打倒反革命修正主义分子许家屯》（1967年3月14日联合编印）。"中国文革研究网"。http://www.wengewang.org/read.php?tid=5800。

第 5 号凶手等人一拥而上，毒打一顿。晚上 10 时左右，王金又被拉出来，拖到厕所里。第 1 号凶手首先对王金的太阳穴猛击两拳，接着第 7 号凶手用木棍狠捣王金的腹部四、五下，打断三根体操棒，而第 6 号凶手的体操棒在毒打王金时断为三截。第 15 号凶手更狠毒地把皮带蘸水狠抽王金，29 日上午 8 时，第 3 号、第 7 号、第 10 号、第 5 号、第 6 号凶手等叫王金出来，王金已经瘫在血泊中爬不起来，几个红卫兵又打了一阵。

在卞案中，很难估计北师大女附中参与打人和其他形式体罚的有多少人。有人认为人数不多，只有十多人，也有人认为学生们就像一群暴徒。按照一位同学的说法，参与打人的人围着校领导，"你一下""我一下"地打。

第四，施暴者多为革军革干子弟。南外的 31 名凶手中，除二人出身工人，四名情况不明，其余 25 人均为革军或革干子弟。北师大女附中的情况也是如此，虽然可能有些"非红五类"家庭的同学也动了手，但施暴者的骨干始终是出身革军革干家庭的人。

第五，高中的学生相对温和一些。南外高中的杨姓同学挺身而出，对初中的红卫兵进行劝阻，虽然未能奏效，但是在当时的气氛下实属难能可贵。北师大女附中的几位高中学生（时年 19 岁）对积极活跃的低年级学生说，"不要强迫她们（校领导）担这么重的东西。"可惜她们的劝阻也像南外一样无人理睬。"一般来说，高年级的学生相对温和一些"的说法在两所学校里得到证实。

第六，事情发生后，红卫兵负责人的态度不约而同。王金死了以后，南外的红卫兵关闭学校的大门，不许任何人进出。下午红卫兵第一临时负责人（即第 1 号凶手）回到学校，对大家说，"此事到此为止，不要说。"下午很晚时刻，校门才打开，人们可以离开学校。根据北师大女附中宋淮云 1967 年 4 月 23 日的回忆，刘进在卞仲耘死后第二天通过学校的广播向全校宣布，"昨天发生武斗，是为杀卞仲耘的威风，因为她有心脏病、高血压，死了。毛主席说：好人打坏人，活该。大家不要因为发生这件事，就缩手缩脚，不敢干了。这件事，任何人都不许向外面讲，否则就按破坏文化大革命处理。"（雷一宁，2012）负责人均要求大家保密，不得外传。

第七，本校的同学中知情人不少，但是对外三缄其口。如南外的第 4 号凶手是位女生与作者同班，在南外的同学中小有"名气"。近 50 年后，还有人清楚地记得她当时的恶行。这位女生对王金不仅动手还动口。她对王金骂骂咧咧，一直跟着王金进男厕所，结果被其他男红卫兵"赶"出来。第 5 号凶手也是位女生，一拥而上把王金毒打一顿的红卫兵中有她的一份。她后来发展得不错，有同学对此颇有微词。但是这些情况仅限于本校同学中流传，不会对外说。卞仲耘案件中，北师大女附中的目击者有几十人，他们都认识凶手。了解情况的人守口如瓶，都怕捅破那层窗户纸。尤其是当年的施暴者和干部子弟对凶案讳莫如深。北师大女附中的干部家庭出身的同学极少有人支持冯敬兰等人调查卞案的行为，她们要么婉言相劝，过去的事情不要提了；要么干脆拒绝，甚至反问：你要干什么？！

第八，受害人死后，红卫兵向"有问题的"人发出警告，如果不老实也会遭受同样下场。王金死了以后，南外的红卫兵指派吴玉璋和凌介平两位老师去抬尸体。一位女红卫兵高举着带血的鞭子，冲吴老师吼道，"你不老实，王金就是你的下场！"（这位红卫兵后来做了不小的官，由于误传，有些同学以为她也是打死王金的凶手之一。）北师大女附中有同学回忆，刘进宣布卞之死的同时对"狗崽子"发出警告，说她们如果不老实，也会遭到同样的下场。

第九，两校的学生核心人物具有较高的威信和权威。南外红卫兵打死王金后，红卫兵临时负责人（第 1 号凶手）从校外执行任务回来后马上发布命令：此事到此为止，不要说。红卫兵开介绍信到火葬场也是他和其他两位红卫兵所为。北师大女附中在卞仲耘被打死后，刘进在校广播里宣布死讯。需要提醒读者注意的是，无论是过去还是现在，不是任何人能随意进入学校广播站宣布事情的。

第十，两所学校的学生也有相同之处。南外当时的招生非常严格，一般人不得自由报考，需经所在学校的推荐才能取得考试资格。录取的学生中革军革干子弟为多数。北师大女附中更是聚集中央一级的权贵子弟，她们有父母作为靠山可以"通天"。

5.5. 王案与卞案的相异之处

两案也存在以下多个不同之处。首先，受害人的身份不同。卞仲耘于 1941 年加入中共。1945 年，她和丈夫一起去了解放区。1949 年，卞仲耘调北师大女附中工作，历任校教导员、副教导主任、主任，校党总支副书记、书记，副校长。当时该校没有校长，在文革开始时，卞仲耘实际上是北京师大女附中的最高负责人。卞仲耘是文革初期刘邓为了自保被抛弃的棋子。而王金则是普通民众，因为有历史问题又曾犯过错被打入另册，生活在社会底层，属于边缘人物，长期以来一直受到歧视。

第二，受害者与凶手的关系不同。卞案中受害者是凶手的老师，打她的红卫兵是她教育出来的学生。凶手对她如此仇恨与多年的教育不无关系。王金是凶手的衣食父母。王金与千千万万百姓用辛勤的劳动养活官僚和他们的子弟。王金被打死在南外的新宿舍楼里。这座大楼正是王金与他的工友曾挥汗如雨建造起来的。相比之下，王金死得更冤。

第三，王金案调查及时，真相没有被岁月遗忘；而卞仲耘案的调查却由于许多人为的原因，真相至今未能公布。王金被打死的消息一传到生前所在单位，王金的同事顶着压力，立即行动起来。10 月 2 日，南京百姓很快得知王金的死讯，一场疾风暴雨式的群众抗议风潮随之席卷全城。10 月 3 日，王金的三个同事和华东水利学院的七名学生成立调查小组赴南外进行调查，10 月 16 日由 40 多个单位的工人和学生组成的联合调查团成立。庞大的调查团一方面制造舆论，一方面与当局交涉。文革的开展使当权阶级内部出现裂隙，南京市委和玄武区委工作人员于顺良、张国义（南京市公安局第五处的一位科长）、徐俊良和孙勋等人为调查团提供极为重要的信息和线索。调查团不仅接触到公安局内部的材料（如更改过的法医鉴定），而且还把省、市委秘密开会商议对策的会议记录公布于众。

卞案的调查却遇到来自多方面的巨大阻力。卞仲耘遇难后，王晶垚得知噩耗赶到医院，看到的是妻子卞仲耘血迹斑斑的尸体。第二天，他用几个月的工资买了一部昂贵的照相机，给妻子照了许多张照片。在接下来的每一个步骤，清洗、换衣、火化、殡葬皆有照片记录。之前女学生们上门闹事，贴在家门口的标语、大字报，全部被他摄入镜头。全中国的文革受难者中，像卞仲耘这样留下如此之多的影像记录者屈指可数。宋彬彬曾向王晶垚先生讲述一些与卞仲耘之死有关的情节。王晶垚先生及其子女立即进行追记。在这份绝无仅有的历史档中，宋彬彬以那个时代特有的话语系统和冷酷的口气，讲述她本人在卞仲耘遇害前后的所作所为。红八月的恐怖氛围没有震慑住王晶垚先生为妻子申冤的决心。字字为据，句句为证，王晶垚将宋彬彬的话统统记录在案。红八月中，有多少人被红卫兵活活打死。但是很少有死难者家属敢于记录红卫兵的暴行。只有王晶垚先生保留卞仲耘的血衣，用照相机拍摄妻子遍体鳞伤的遗体，用笔记录下与诸多女附中师生的谈话内容。这些谈话记录以真实的语境和不同的视角再现卞仲耘被害前后的很多细节。最早接触到这批材料的是北师大女附中的学生王友琴博士。时间是在 1993 年 9 月中旬。王友琴对这些资料进行抄录和复印。她那篇著名的文章"学生打老师的革命"中关于卞仲耘挨打和倒下的描述源于王晶垚先生的这些珍贵材料。在经历整整 27 个年头以后，卞仲耘惨案才为世人所知。

第四，王金案和卞仲耘案的家属的态度截然不同。王金被打死后，省市委认为家属不起来闹，事情就好办，因此采取"加速处理、稳住一头"的方针。他们派人 24 小时地看守住家属，以安慰照顾为名，行看守隔离之实。不仅如此，当权者利用权力为家属调换住房，连夜偷偷摸摸地将家属搬家，使外人无法与家属联系。在抚恤上，省市委对家属实行经济收买。市委区委决定，除三个月的安葬费外，每月发给王金的养母和养子生活费 30 元，养母到去世，养子到 16 周岁；家属享受国营工厂的劳保待遇。所有这些大大超过集体所有制单位的抚恤标准，甚至超过国营企业和机关干部的抚恤待遇。当权者还批准将王金的妻妹一家调进南京工作。这样的处理确实达到"稳住家属一头"的目的。王金的家属自始至终没有站出来为王金讨个说法，为王金讨还公道。60 年来，从未见到或听到王金的家属及后人公开提及王金和王金事件。从家属的态度上看，王金是可悲的。但是王金又是幸运的，他的同事勇敢地站起来为他讨还公道，起到家属无法起到的作用。

卞案的家属王晶垚老先生自始至终坚持不懈地为卞讨回公道。王晶垚不满当局将卞仲耘之死归结于"资产阶级反动路线"和林彪、"四人帮"。从 1978 年到 1989 年，王晶垚连续告了 12 年。状告的对象是一个名叫袁淑娥的女人。此人曾写信诬告卞仲耘，直接导致后者被批斗。但是北京西城区检察院 1981 年认定，被告人借文革之机，捏造事实，诽谤他人，情节严重，已构成诽谤罪。但是根据《刑事诉讼法》之规定，被告人的犯罪行为已过追诉时效期限，故决定不予起诉。

王老先生又在 1983、1985、1987 年先后向西城区委、北京市委、中共中央政治局常委胡启立以及最高人民检察院检察长杨易辰提出申诉。王晶垚还曾于 1989 年请求全国第一位律师出身的人大代表王工在七届全国人大二次会议上提出第 3433 号建议重审此案。当年年底，最高检察院回复：袁淑娥不是捏造足以使他人受到刑事追诉的犯罪事实的问题，不具备诬告、陷害罪的构成要件，不符合中央关于处理文革期间遗留问题的政策规定精神。不过，王老先生没有要求追究那些揪斗、殴打、虐待卞仲耘，直接导致她死亡的女学生。他对这些学生还是挺宽容的，认为她们都是被唆使的。

第五，王金案中红卫兵负责人直接参与殴打，而卞仲耘案中的核心人物宋彬彬和刘进没有直接参与打人。南外红卫兵临时负责人第 1 号和第 2 号凶手不仅主持所谓的"审问"，还动手打王金。虽然他们不是打得最凶的，但是他们是众多的凶手之一。宋和刘与南外的负责人不同，她们并没有直接参与打人。不过，她们对卞仲耘的死仍有不可推卸的责任。

第六，由于南京市民的强烈反弹，政府不得不在死人事件发生后的三个月后追究凶手的责任。南外的三名红卫兵被抓，尽管并没有判刑，但是他们在监狱里被关近两年，也算是受到法律的制裁。而北师大女附中的凶手却因真相迟迟未能揭开，直至死者已经死去近 60 年后的今天，凶手们仍然逍遥法外，没有人为卞仲耘的惨死付出代价。

第七，王金案和卞仲耘案在时间上的错位。南外打死王金事件在 60 年前闹得满城风雨，不仅本市甚至周边城市都受到震动，成为南京地区（甚至江苏省）无人不知无人不晓的轰动事件。时隔几十年之后，该事件似乎被人们遗忘，现在很少有人提及此事件。而卞仲耘案在当时的京城并不出名，连近在咫尺的学生和民众均不知情。但是现在却轰动多年，自从王友琴博士在她的 1993 年的书中提及卞案后，多年来追查卞案真相的呼声不绝于耳。

北京的卞仲耘一案为文革老红卫兵的暴力开了先河，因为受到毛泽东及当局的支持，老红卫兵暴力迅速波及全国。而南京的王金事件因为广大民众的反对，形成声势浩大的群众运动，扼制老红卫兵的暴力。随着全国民众的觉醒和造反运动的兴起，强弩之末的老红卫兵终于被迫退出历史舞台。两案在文革史上具有重要的意义，标志着老红卫兵的兴衰。

下篇 文革的造反运动

　　1966 年 8 月，北京的红卫兵"破四旧"进入疯狂阶段，死人事件不断发生，红色恐怖笼罩全城。这就是人们常说的"红八月"。仅北京一地在"红八月"中被无辜打死的人数有案可查的达到 1,772 人，上海有 534 人被打死，武汉被打死的有 32 人（麦克法夸尔、沈迈克，2008:106）。南京比北京稍稍慢一个节拍。

　　令人不解的是，北京红卫兵打死近 2,000 人，舆论反应平平，红卫兵的暴力没有受到谴责，更没有引起巨大的社会反弹。"打死了，就打死了"。在听取宋彬彬等人汇报北师大女附中打死副校长卞仲耘之后，时任北京市副市长的吴德是这样想的、也是这样说的。或许有不少人也是这样想，而更多的人则敢怒不敢言。目前，卞仲耘案件在华人学界几乎无人不知，不过在当时却并非京城的轰动事件（华新民，2014）。但是，为什么王金事件在南京却成为轰动事件？为什么南京的市民们对红卫兵的暴行敢说"不"字？

　　同样令人费解的是，文革开始后，在王金被打死以前，南京也发生过死人事件。1966 年 8 月 3 日晚，南京师范学院（简称"南师"）[①]的部分学生把吴天石（原江苏省教育厅长）、李敬仪（南师党委副书记，吴天石的妻子）、张焕庭（南师副院长）三人从宿舍拉到学校斗争。三人戴高帽子游街并且被打，李当即死去，吴昏厥后经抢救无效于 5 日晚死亡。李敬仪成为文革暴力"斗争会"的第一个受害者（王友琴，2015），也是文革中的第一个受害者（卜伟华，2014）。李敬仪和吴天石的死并未引起该市市民们的强烈反对和抗议。可是为什么南外红卫兵打死工人王金却在南京市引发轩然大波？

　　回答这一问题，我们还需从南京的社会状况说起。南京曾是中华民国的首府、国民党的老巢。国民党败退台湾时，其政府机关和部队的部分人员撤离，但是它的百姓并没有跟着去台湾。这一强大

[①] 现更名为南京师范大学。

的社会基础留了下来，进入共产党的新社会。南京地处长江三角洲，是富饶的江浙地带，解放前人民的生活并不像北方地区那样贫困。他们对于共产党的解放比起北方的人民来说，没有那么感恩戴德。

南京以其反叛精神闻名于世。1976年发生的"南京事件"（或称"南京反文革势力运动"）就是一例。1976年2月6日，姚文元控制的《内部参考》转载香港的一篇攻击周恩来的文章。3月5日，上海《文汇报》出现"党内那个最大的走资派要把被打倒的至今不肯悔改的走资派扶上台"的句子影射周恩来，引起广泛的愤怒。1976年3月28日，南京大学400多名师生率先公开组织开展周恩来逝世的悼念活动，以周恩来的遗像为前导，捧着用玉兰花制作的花圈，沿着南京主要干道前往梅园新村。南京其他大专院校的数万名师生也抬着花圈和挽幛纷纷涌向梅园和雨花台。

3月29日晚和30日，南大300多名师生分成20多个小组，分赴南京火车站、汽车站、轮船码头及主要街道，到处刷写"谁反对周总理就打倒谁！"、"邓小平和人民心连心！"等大标语。3月31日夜，南京市17所大专院校的学生代表在南京大学秘密举行联席会议，酝酿成立"中国民主大同盟"等组织，最后决定以悼念周恩来为旗帜，成立'南京市各界群众悼念周总理联络站'，推选李西宁为"总指挥"，组织悼念周恩来、支援邓小平、反对继续推行"文化大革命"的活动。南京悼念周总理、反对四人帮的斗争逐步扩展到全国，北京爆发天安门事件。必须指出的是：举世闻名的四.五民主运动终于北京却始于南京。

1989年6月4日，中共悍然动用军队镇压手无寸铁的学生和民众。军队开枪的消息传到南京，全城的学生和市民们愤怒了，连续几天数十万民众上街游行示威、大批学生卧轨拦截南来北往的火车以示抗议。示威的学生和民众把偌大的南京古楼广场挤得水泄不通，口号声震天响。一天[①]，鼓楼广场突然静下来，只见一位学生徒手攀爬竖立在广场上的20至30米高的旗杆。那位学生到达旗杆的最

[①] 因年代久远，笔者不知具体日期，印象中可能是6月7至10日间的某日，时间在上午9至下午4时之间。

上端，拿出一把刀将中共国旗从旗杆的绳索上割下。随着他的奋臂一挥，国旗像断了线的风筝随风飘落，全场爆发出雷霆般的掌声。

40年前的1949年4月23日，由吴化文带领的解放军部队攻下南京城。这支曾经是臭名昭著的汉奸部队，先被国民党收编，后又被解放军改编（佚名，2012）[1]。当该部队的战士们扯下原国民党总统府顶上悬挂的青天白日旗时，欢呼的仅仅是那批士兵。可是谁能想到，40年后的1989年6月，当中共的五星红旗被人从更高处抛下时，数十万的南京民众竟报以更热烈的掌声和欢呼声[2]。抛旗的意义不亚于北京1989年六.四事件中一位学生（据称是王维林）徒手用身体阻挡中共军队坦克的壮举。如果说北京的那位学生是反对中共解放军对民众屠杀的话，那么南京的这位学生则是公开地向中共宣战，是名副其实的造反。（这是笔者亲眼所见的场面，借此机会寻找那位勇敢的学生，希望社会能关心这位勇士的下落。）

王金所在的单位最初叫作南京市玄武区建筑工程公司，是一个地方国营公司。上世纪60年代下马，变成大集体性质，改称为南京市玄武区修建合作联社（简称为"建筑联社"），隶属玄武区政府。建筑联社属于生产自救性质的单位，把一些社会闲散人员（包括从西部国有企业跑回来的人）组织起来，挖土方、搞修旧或一些

---

[1] 该文摘录如下：打下总统府的是华野第三十五军，军长吴化文。第三十五军是解放军历史上寿命最短的军之一，从1949年2月组建到1950年1月撤编只存在了一年。冯玉祥的西北军鱼龙混杂，革命战争时出了不少反复跳槽者。原西北军军官，中共三十五军军长吴化文算是中国的"跳槽先驱"，吴部从军阀跳到国军、再跳伪军、复跳国军、终跳共军。用吴自己的话说是"'吴军'像妓女一样跟了这个跟那个，最后跟了共军算是从了良"，打下南京，攻下总统府这么大的战功便宜了吴部，可真是让陈毅、粟裕"哑巴吃黄连"。三十五军攻占南京的战绩弄得粟裕大窝火，在《回忆录》中也只是写"镇江正面的第三十四、第三十五两军，于23日晨占领镇江和浦口、浦镇. 当晚占领了国民党政府的首都－南京。"，一笔匆匆带过，着墨还不如"围歼逃敌于郎溪、广德地区"。可惜了，本可浓墨重笔辉煌画卷只能漫漫的淡出历史，少了多少谈资 。这就是为什么中共的战史从来不宣传解放南京的部队的原因。
[2] 南京鼓楼广场是中山北路、北京西路、北京东路的汇合处，中央路则穿越该广场。广场共有五个路口，长约426米宽约223米，面积近95,000平方米。五条道路的路口及人行道上均站满了人。如果按一平方米站一个人计算，当时能看到旗杆的民众至少10万。笔者附近的人群每人占地约0.25平方米，以此推算鼓楼广场及附近地区约有20至30万甚至40万人。

小工程，当时建造的最大工程有南外的教学楼和宿舍楼，新街口的太平村等。1970年该单位又改称南京市玄武区建筑工程公司，现在成为南京市玄武建筑工程公司，不再是区属企业。

王金被打死时，玄武区建筑联社有四个工程队，称为基干队，另有六个土方队，二个油漆队，一个水电队。文革前（约1965年）南京市成立市建筑联社，把第一工程队划走，于是以第二土方队为基础重新成立一队。玄武区建筑联社的每个工程队约有200到300多工人。工程队下辖专业组，如瓦工组、木工组、钢筋组、架子工组、机修组、运输组和后勤组。工人的工种主要有瓦工（又分为混凝土工、抹灰工、壮工）、木工、钢筋工、架子工、机修工、水电工、油漆工、驾驶员和装卸工、板车运输工、后勤工（如仓库保管工、化灰工）等。

文革前玄武区建筑联社里的党员非常少，各工程队无法成立党支部，只好派一名党员任指导员。即使到1969年九大后发展了一些党员，各工程队成立党支部，每个工程队也只有三到五名党员。文革前的团员也不多，但还能勉强凑成团支部。总体来说，党员比例只有约2%到3%，团员比例在8%到10%之间。有各种问题的人占到95%以上（不包括原是家庭妇女来做小工的）。工人即使没有政治问题，也会有其他问题。如南外的一位毕业生因为分配到煤矿后胃出血，被煤矿退回玄武区劳动科，重新分配到玄武建筑联社。1968年许世友在南京大搞"城市居民上山下乡运动"，玄武建筑联社的许多有问题的工人被赶出南京城。

玄武建筑联社里的工人尽管也被称为"工人"，但是他们与国营大型企业里的工人有着天壤之别。他们属于边缘化的群体，经济地位低下，政治地位更加低微，为社会所歧视。他们的市民背景与成都和广西的造反派的背景极为相似（杜钧福，2013）。玄武建筑联社里有许多像王金那样有着这样或那样历史问题的工人。如一名毕业于同济大学的学生，因为是右派被发配到玄武建筑联社。"九.二八调查团"的骨干查全华曾因办过地下刊物提前从部队复员，并被定为内控人员，而分到玄武建筑联社。1970年末，南外1963届小学英班学生（文革开始时小五英班）李家骏的父亲在文革中被打成反革命分子。此时，班上出现所谓的"流氓信"事件。一位男生把一封求爱信放在同班的一位女生的课桌里。这在当时是件大逆不道的事件。全班立即对此事进行排查。该班的班主任潘秀瑶向同学们故意透露李家骏父亲的政治问题。在她的暗示下，全班同学投票"选举嫌疑犯"。结果李家骏同学高票"当选"。李家骏被开除出红卫兵和红卫兵值勤排（相当于红卫兵纠察队）。当时的红卫兵组织是在工宣队领导下成立的，取代文革前的共青团组织。数月后，李的同学都分配进工厂、学校或参军，可是他却分配无门。经过半年的奔波和交涉，他背着处分被分配到谁也不愿意去的南京市玄武区建筑联社，也就是王金生前所在的单位。

对于南外红卫兵来说，他们的"不幸"是打错人。如果他们打死的是本校的老师，打人事件最多像南京师范学院打死吴天石和李敬仪那样不了了之，红卫兵不会受到任何惩罚。可是他们打的是王金。他所在单位是一个充满社会底层人物、边缘人物的玄武区建筑联社。这是一只"马蜂窝"。王金的死成为他的同事的借口，蛰伏的"马蜂"终于倾巢出动开始"蛰人"。

我们可以从分析打死王金事件引发的南京市民强烈的抗暴运动，讨论文革研究领域中关于文革的定义问题，特别是困扰华人学界多年的"一个文革"和"两个文革"之争。在研究这一问题之前，我们需要先了解西方社会运动学的概念和相关的理论。

第6章 西方社会运动学

西方社会运动学是一个因中国的文革而兴起并与文革研究密切相关的重要学科。由于种种原因，多年来该领域的发展一直未引起华人学界的重视。这是一门新兴的学科，直到上世纪的 60 年代，西方学界对社会运动的研究还很少（Killian, 1964）。

在中国文革的影响下，从 1968 年 5 月开始，西欧和北美出现类似中国红卫兵的青年和学生造反浪潮。这一突如其来的风暴席卷整个西欧和北美大陆，使得各国政府措手不及。该现象引起西方社会学家的兴趣，对其研究开始增多。到上世纪的 70 年代中期，社会运动学逐步成为西方社会学中的一个重要领域（Morris and Herring, 1987），并拥有专业的学术刊物、丛书和学会（Porta and Diani, 2006）。

6.1. 社会运动的定义和分类

社会运动的定义有许多版本。我们不妨采用 Wilson（1973）的定义："一个有意识的、群体的、有组织的努力，试图以体制外的手段推动或阻碍社会秩序中大规模的变化。"该定义中的两个信息特别重要："有意识的"和"体制外的"。"有意识的"指的是社会运动的参与者是有意识的，不是盲目的。"体制外的"指的是社会运动不是通过正常的渠道解决问题。体制外的手段，包括示威、游行、请愿、静坐，甚至暴力等。需要指出的是，社会运动不同于政党和利益集团，因为后者拥有接近政权和政治精英的正常管道。

社会运动有以下四个特点：群体性，时间性，认同性和目的性（Edwards, 2014）。群体性的意思是，社会运动是为实现社会变革的群体和组织的努力，不是个人无组织的努力。时间性指的是社会运动在有争议的问题上与强有力的对手进行一定时间的斗争，不是一次性的抗议活动或较量。认同性指的是社会运动的成员不仅仅在一起工作，他们还享有共同的身份认同。目的性指的是社会运动通过抗议等活动试图改变社会。

如果从社会变化的对象和变化的范围两个角度来分析，社会运动可以分为以下四种运动（Aberle, 1966）：

表 6. 1. 社会运动的分类

	变化有限	变化巨大
变化只涉及一部分人	替代运动	救赎运动
变化涉及整个社会	改革运动	革命运动

替代运动（Alternative Movement）对现有社会的威胁最小，因为替代运动仅仅针对社会的一部分人，运动的目的是改变这些人的某种行为。美国的"反酒驾母亲协会"就是一例，该运动专门针对酒后驾车行为。由于该协会的努力，美国通过法律对醉酒驾车者严惩不贷，从而使醉酒驾车的事件有所减少。

救赎运动（Redemptive Movement）虽然只是针对一部分人，但是涉及的程度比较深。运动的目的是彻底改变这部分人，宗教的"原教旨主义"运动是此类运动的典范。原教旨主义源于美国，是一个宗教运动。原教旨主义强调圣经内文的正确无误，不容置疑，圣经拥有最高权威。原教旨主义一词也用来指天主教和伊斯兰教的宗教运动。救赎运动旨在彻底改变个人，使之重生。

改革运动（Reformative Movement）的参与者并不将矛头指向现行的制度，只是认为必须对现有体制进行局部的改革。大多数的抗议事件属于此类运动。运动的目的是改革社会的某一部分，并非企图推翻整个现有体制。上世纪 80 年代以来世界各地的反核能运动和保护生态环境运动属于此类。

革命运动（Revolutionary Movement）涉及社会的所有成员，变化范围是深刻的，旨在推翻现有制度并创立新制度。革命运动对现有的社会秩序极度不满，试图根据自己的意识形态蓝图重新建设新社会。革命运动大多是由长期受压迫的某一群体发起，通常在一系列改革运动失败后群众极度不满时发生。人们深信当权者不会满足他们的基本需求。世界各地出现过一些革命运动，例如美国的独立运动、法国的大革命和中国的辛亥革命。

用通俗一点的话来说，改革运动是"只反贪官、不反皇帝"的运动，革命运动是"既反贪官、又反皇帝"的运动。

6.2. 社会运动学的第一代理论

对社会运动的研究可以追溯到它的前身——群体行为学（Collective Behavior）。19 世纪的下半叶（1850 至 1900），欧洲的社会、经济和政治动荡使得聚众成为政治稳定的巨大问题，公共秩序受到空前的挑战。"聚众"是指一群人聚在一起的意思。当然，学者研究的注意力主要是闹事的聚众，出现不少理论来解释这一现象。第一个理论说，聚众的成员是疯狂的，就像安徒生童话中的红舞鞋无法停下来。任何参与疯狂聚众的成员，被认为是魔鬼附身或者精神有毛病。第二个理论说，聚众闹事的成员是社会渣滓，是一群脱离社会的家伙，是被社会抛弃的人渣，所以他们对社会不满。第三个理论说，聚众的成员是罪犯，认为有的人生来就有犯罪倾向。聚众闹事破坏财物和伤害人，由罪犯干的或者是由罪犯领头干的（McPhail，1991）。概括起来就是"疯子论"、"人渣论"和"罪犯论"，或者统称为"坏人论"。

早期的学者研究群体行为学的目的，是为了维持社会的稳定。这是受社会学三大鼻祖之一的杜尔凯姆（Durkheim）的影响。他的社会平衡观念对早期的社会学家有着极其重大的影响。群体行为学的研究重点，是社会组织的不自主性、冲动性和即时性。研究者试图回答这样一个问题："为什么守法的人变得不守法？"

学者们对群体行为的参与者是否理智和是否有自我意识持否定态度（DeFay, 1999）。该派理论的代表人物是法国心理学家勒庞（Gustave Le Bon），代表作是勒庞 1895 年发表的《乌合之众》（Psychologie des Foules）。Le Bon（2001/1895）认为，参加聚众的人本身是正常人，但是聚众使人的思维转变，使人失去平常的判断力，人在聚众中变得疯狂。Le Bon 的理论对以前的"坏人论"是一个否定，在当时是一个了不起的进步。该理论在理论界独占鳌头长达近 70 年。该派理论家的目的是为精英控制聚众，反对激进派（Reicher and Drury, 2015）。

需要指出的是，华人学界中流行的"一个文革说"，是"乌合之众论"的理论框架下的一种学说。"一个文革说"认为，造反派是"疯子"，逍遥派是"傻子"（陈子明，2014）。亿万群众卷入文革的原因是："政治思想的强大压力，运动中民众被迫作出抉择；林彪、江青、康生一伙野心家、阴谋家乘机蛊惑挑唆，蓄意制造动乱，煽动一些不明真相的群众（席宣、金春明，2005）。"简言之，民众参与文革是盲从和不明真相。

坚持民众非理性的"乌合之众论"，在上世纪的 50 至 60 年代开始受到广泛深入的批判，淡出研究领域至今已经有近 50 年（Turner and Killian, 1972）。该派理论是否会在将来的某个时候重返舞台，东山再起，笔者不敢妄加猜测。但是在过去 50 多年里新出现的社会运动学理论中，再也没有谁敢把民众说成是一群智力低下、没有自我意识、没有利益诉求、任人欺骗的傻瓜，是不争的事实（乔晞华，2015；Zhang and Wright, 2018）。

6.3. 社会运动学的第二代理论

对"乌合之众论"持批判意见的理论家很多，马克思是其中之一。马克思主义虽然没有提出专门的社会运动理论，但是其本身就是一个关于社会运动的理论（Cox and Nilsen, 2005）。马克思注重社会冲突，关注经济与革命的关系。马克思认为，变化的经济状况与群众运动有着反向关系（Barrett and Lynch, 2015）。也就是说，如果经济状况下降、变糟，发生群众运动的可能会上升、增加。反之，如果经济状况上升、变好，发生群众运动的可能会下降、减少。

马克思的这一理论，常被称为"社会冲突论"。其基本观点是：无产阶级和资产阶级之间的矛盾是不可调和的，工人在工会的带领下与资产阶级进行斗争。这些斗争在马克思主义者看来都是社会运动。只要资产阶级掌握权力一天，工人阶级和资产阶级的斗争就不会停止。换言之，不断的剥削是革命的动力，必然导致无产阶级消灭资本主义（Smelser, 2015）。马克思主义关于社会运动研究的假设是，有共同利益的人必然会组织起来追求共同利益（Edwards, 2014）。华人学界中的"两个文革说"，是马克思的"社会冲突论"理论框架下的一种学说。

"理性选择理论"（Rational Choice Theory 简称 RCT）在上世纪 60 年代开始崛起（Drury, 2015）。这是基于微观经济理论的学派，受亚当·史密斯（Adam Smith）等人的影响（Mahmound, 2015），属于自由个人主义传统。该理论以个人为主导，强调个人作为群体行为的重点（DeFay, 1999）。该派理论的代表人物是奥尔森（Olson）和奥普（Opp）。

在该派理论学者眼里，社会运动是适合外境的追求政治目标的方式（Drury, 2015）。奥尔森不认同马克思的关于个人会为共同利益自动参加运动的观点。该派学者认为，社会冲突并不自动导致社会运动。他们认为，运动的参与者是经过权衡利弊，面对各种选择作出自利的抉择。理性的个人不会行动起来实现共同的利益（Edwards, 2014）。个人只有获得利益才会参加工会，参加运动和参加革命。运动需要有措施，实现"不参加就没有个人利益"的结果。因为理性的人都是为自己的个人利益，不会为他人的利益工作（Mahmound, 2015）。也就是说，需要出台"不劳动者不得食"的规定，才能促使个人积极参与运动。这也是人们常说的"免费搭乘者"问题。该理论强调个人作为群体行为的重点。

"资源动员理论"（Resource Mobilization Theory 简称 RMT）试图通过分析个人理性地权衡参加运动的得失来理解社会运动。在有些情况下，社会运动的发生并不是因为社会矛盾增大、人们的剥夺感上升或者人们怨恨的增加，而是社会运动发起者和参与者可以利用的资源增长了。是否参与社会运动，是人们对资源动员进行的理性选择。资源包括甚广，有知识、财力、传媒、物力、人力、合法性、社会精英的支持等等。如果对社会不满的群体能够动员手中掌握的资源，运动就能发展起来（McCarthy and Zald, 1977）。

该观点部分地解释了为什么有的群体能够组织起来开展社会运动，有的群体却无法组织起来的原因。该派的学者认为，对于社会运动的动员来说，资源比不满更重要（Drury, 2015）。资源动员论是深受马克思影响的宏观学理论（Jasper, 2010），试图寻找有利于降低成本、提高效用的组织性资源（夏瑛，2014）。

理性选择论和资源动员论的区别在于：前者认为人是孤立的，后者承认关系的重要性，从而实现群体的理性。理性选择论反对情感化，认为情感总是不理性的，资源动员论绕过这一关。人不是孤立的，而是相互联系的，这种联系会影响人们的决定（Jasper, 1997）。在相互依赖的语境下，仅靠个人的理性不足以达到争取利益的目的。出于情感的行为也可以是理性的。资源动员论强调有形的和无形的资源，例如社会运动组织、外部的精英、社会网络和媒体等（Edwards, 2014）。

有学者批评资源动员论太注重内部的因素，忽略外部因素（即政治机会）。这就产生"政治过程论"（Political Process Theory）。该理论的核心思想是：社会运动依赖于有利的政治环境。只有在政治环境有利的时候，社会运动才会出现和成功。该理论事实上是外部的资源动员论。政治机会使社会运动得益或受阻，影响社会运动的成败（DeFay, 1999）。Tarrow（1998）总结出四种情况会出现有利的政治机会：（1）挑战者有机会进入国家政体；（2）精英重新站队；（3）精英分裂；（4）镇压挑战者的能力和倾向有变化。政治机会也可以是现行政治体制的受欢迎程度或脆弱程度。如果现行体制比较脆弱不堪一击，社会运动很容易发生（Tilly, 1984）。总之，是宏观的政治结构和政治过程为运动的发生提供政治机会（夏瑛，2014）。

资源动员论和政治过程论之间的区别主要表现在，前者强调内在的因素，后者更强调外部的因素。虽然两者间存在较大的差异，但是它们都强调社会运动是一个过程，强调运动参与者的利益和理性选择（赵鼎新，2005）。资源动员论和政治过程论的共同特点是，两者都属于宏观层次的理论，都强调物质性的条件没有考虑非物质性的因素（如文化和情感）。

以上理论是北美学界发展起来的。在欧洲大陆，社会运动学的发展采取的是一条不同的道路。"新社会运动理论"（New Social Movement Theory 简称 NSM）是由欧洲的三位思想家——德国的哈贝马斯（Jugen Habermas），法国的图赖讷（Alain Touraine）和意大利的梅卢西（Alberto Melucci）——提出来的。新社会运动理论是在与马克思主义的阶级斗争为基础的社会冲突论的交锋中发展起来的。该派学者认为，社会运动成员再也不是自动地产生于以阶级冲突为基础的工业社会。社会运动成员需要重新发现自己和创造自己，使自己形成新的群体身份，即身份认同。该理论试图解释北美和西欧上世纪 60 年代开始的一系列社会运动。该时期的社会运动有别于旧形式的运动，所以被称为新社会运动（Melucci, 1980）。

新社会运动强调对于后物质主义价值的追求，不再强调劳工被资本家剥削，不再强调收入。该运动强调生活、身份、环境、性别、和平和反战等（Smelser, 2015）。这是因为社会冲突在欧洲仍然很重要，但又不同于旧的产业工人运动（Drury, 2015）（例如民主运动和人权运动）。此类运动的特点之一在于它们涉及的范围。由于现行政府的政策是全国性的（如民主问题和人权问题），所以运动的范围也是全国性的甚至是全球性的（如反核能运动）。

该理论融汇欧洲 19 世纪以来的杜尔凯姆、马克思和韦伯（Weber）三大社会学传统，体现原有的现代化价值与正在兴起的后现代化价值之间的冲突（赵鼎新，2005）。传统的社会运动能得到工人阶级的支持，因为大多数传统的社会运动致力于经济斗争。现在的新社会运动则跳出经济范围，得到更多的中产阶级的支持。

6.4. 社会运动学的第三代理论

以上的理论均忽略意义制造（Meaning Making）。这是因为，这些学者们认为民众与观察者相似，没有必要研究他们的意义制造。例如，马克思认为工人阶级的觉悟是他们与生产关系的产物。马克思在调查工人状况时只关心事实，并不关注工人的态度。他认为群体行为是可以从客观指标中读出的，即工人最终会如马克思本人那样理解他们的自身状况（Kurzman, 2008）。文化主义者从社会心理角度关注个体微观动员机制。运动的动员是文化现象和话语活动。每个运动的动员都需要通过话语和实践，传递意义，实现动员（夏瑛，2014）。因此构框理论（Framing）被用来解释社会运动（Snow and Benford, 1988）。

该理论是由人类学家贝特森（Bateson, 1972）提出的。框架是这样定义的：一种简化与浓缩"外在世界"的诠释架构，通过有选择地强化和符号化一个人现时和过去环境中的对象、情况、事件、经验和行为顺序（Snow and Benford, 1992）。社会运动的任务之一是提出一套重新认识世界的办法，以便唤起民众加入运动。受压迫的民众受到压迫，并不一定视其为不义采取批评或抗议行动。没有新的解释构成群体的共识，社会运动不易兴起。简言之，构框是以"动员潜在的支持者，寻求旁观者的认同和支持以及降低反对者的动员效果"为目的（Gamson and Modigliani, 1989）。群体行为的理性决策，是在互相依赖的情况下作出的。这是因为，人们的生活和命运互相交织在一起，相互间的关系有道德和情感的投资。我们可以将其视为人的关系网络的一个部分（Edwards, 2014），所以构框理论也可以视为是情感和网络。

构框与意识形态（Ideology）不同。构框告诉我们该如何看待不义，意识形态则告诉我们为什么不义是重要的（Ferree and Merill, 2000）。民众对现实情况的理解，来自自身的经历、周围的人群、媒体的广播以及某些权威机构的宣传等等。社会运动致力于缔造另一种的解释来影响民众，学者把这种另类的解释称作为"群体行动构框"。这是鼓动民众采取行动的动因（Snow et al., 1986）。

社会运动的积极分子营造气氛，使更多的民众行动起来参加运动。尽管存在反叛意识，存在可以利用的资源，政治机会的条件也具备，有的时候运动却不能成功。这是因为虽然反叛意识、组织力量和政治机会很重要，但如果民众没有充分地形成与运动组织者相同的意识，运动的动员仍有困难。以下是对上述理论的一个总结：

表 6.2. 社会运动学理论的分类

	非实利主义	实利主义
古典理论	坏人论 乌合之众论	社会冲突论
宏观理论	新社会运动论	社会压力论 资源动员论 政治过程论
微观理论	构框理论 群体身份认同论	理性选择论 博弈论

　　上述的社会运动学理论可以分为三代：第一代（疯狂）有坏人论、乌合之众论；第二代（理性）在理性选择的框架下，有社会冲突论、理性选择论、博弈论、社会压力论、资源动员论、政治过程论和新社会运动论；第三代（情感/网络）是群体身份认同论和构框理论。半个多世纪以来，社会运动学经历从疯狂到理性再到情感/网络的螺旋形变化，使我们对社会运动的理解和认识更加深入。这些理论对于我们研究文革具有重要的指导意义。

第7章 文革的定义

　　文革的定义和分期一直存在着争议。文革的定义指的是，文革到底是什么，这是文革研究的最基本问题之一。文革的分期指的是，文革究竟持续多久。对文革有不同的定义，相应地就有不同的分期。在众多派别中，具有代表性的有四个大派别。它们分为两大阵营，即"十年阵营"和"三年阵营"。

　　"十年阵营"中的第一派是"内乱说"。这是中共十一届六中全会定的基调。为了维护中共统治的合法性，邓小平主持审议并通过《关于建国以来党的若干历史问题的决议》（以下简称《决议》）。《决议》对文革的定义如下：文革"是一场由领导者错误发动，被反革命集团利用，给党、国家和各族人民带来严重灾难的内乱"。关于责任的问题，《决议》指出：对于文革这一全局性的、长时间的左倾严重错误，毛"负有主要责任"。毛发动文革的这些左倾错误论点，明显地脱离作为马列主义普遍原理和中国革命具体实践相结合的毛思想的轨道。

　　国内的学者对《决议》把文革定义为"内乱"并不满意。金春明（1998）指出，"内乱"在中文里是个中性词，指一种社会现象，不能明确表述该现象的性质和特点。"内乱"可以是强大的藩镇向封建最高统治者皇帝夺权，可以是最高统治者家族内部的权力之争，也可以是农民起义造封建统治者反的革命斗争。虽然文革与历史上的"内乱"有某些相似之处，但是本质上是不同的。《决议》中的"内乱"有两个形容词加以修饰和补充："由领导者错误发动的"和"被反革命集团利用的"。但是不能回答一个关键的问题，即领导者为什么发动文革？

　　因此，国内的学者把文革定义为"一场复杂的政治运动"。这是"十年阵营"中的另一个派别。根据该派的定义（金春明，1995），文革是"由党和国家的最高领导人亲自发动和领导的，以'无产阶级专政下继续革命理论'为指导思想的，以所谓走资派和反动学术权威为革命对象的，采取'四大'方法动员亿万群众参与的，以反修防修巩固红色江山为神圣目标的一场矛盾错综复杂的大规模的长时期的特殊政治运动。"这就是人们后来常说的"一个文革说"。

Chan（1992）对中共的"内乱说"提出尖锐的批评。Chan 认为"内乱说"是对历史的严重歪曲，是毛与温和派、保守派对手（特别是邓及其追随者）长期斗争中的胜利者对历史的描述。历史从来都是由胜利者书写的，中共的《决议》也不例外。这是邓及其追随者在巩固他们在党政军地位后做的一次努力。

该派学者认为，《决议》将文革定义为一场"权力斗争"，是邓及其盟友同毛及其追随者之间围绕着权力的斗争。这是一场十年的斗争。在此期间，毛的对手受到迫害、摧残甚至致死。《决议》忽略广大民众在这场斗争中所起的作用。在邓氏框架中，广大民众的作用充其量是被动的，在中共高层的权力斗争中只是无足轻重的棋子而已。

他们用"社会冲突说"来定义文革。这是"三年阵营"中的一个学派。在这一观点下，民众占据文革的中心舞台。文革中，民众分裂成对立的派别：保守派和造反派；造反派又进一步分裂成敌对的派别。每一个派别都有来自不同社会阶层的成员。在文革的前三年中，这些派别之间为了夺取权力进行激烈的斗争。在此期间，中国陷入内战，伤亡数百万。所以不是"内乱"，不是运动，更不是权力斗争，而是你死我活的为控制中国的阶级斗争。

西方学者（如 Chan et al.,1980; Lee, 1978; White, 1989）发现，区分派别的明显因素是民众的阶级背景。这些阶级背景和标签，是中共 1949 年建政后强加在百姓头上的。每一个中国人都被分为三大类中的一类：红五类、黑五类或灰五类（即介于红五类与黑五类之间的民众）。这些标签决定人们的社会地位、教育机会、政治前途、事业前景。换言之，决定人们的整个未来。

Chan 等人(1980)调查广州中学红卫兵的派别与家庭背景之间的关系，发现出身不好的人倾向于参加造反派（"红旗派"），出身好的人倾向于参加保守派（"东风派"）。简言之，"社会冲突说"

把文革描写成是为期三年的民众反抗中共及其同盟（保守派）的群众运动；文革结束的标志是九大的召开。

深受"社会冲突说"影响的中国学者提出"两个文革说"。这是"三年阵营"中的第二个学派，与"社会冲突说"大同小异。王希哲（1981）最先提出"人民文革"的观点。他认为在文革中，"伴随着毛泽东的每一步胜利，都是人民对他的认识的进一步加深和抵抗的进一步加强。经过 1966 年至 1971 年感性认识的积累，经过 1971 年至 1975 年比较理性认识的积累，终于在 1976 年 4 月 3 日爆发人民自己的文化大革命。"

对毛来说，文革是为了清洗中央、省市政府机构里的走资派。而在众多的群众运动中却存在着"人民文革"，迫使毛及其军政界内的追随者不得不镇压民众以维持国家的稳定。"两个文革说"认为，清洗敌人和镇压民众是文革中的两大要素。"人民文革"是中国人民进行的抗争，是为了结束政治歧视和压迫，要求纠正社会不公和分裂，追求基本权力的保护（包括人权），代表民众反抗中共统治制度。因此，"人民文革"也可以理解为是文革中的抵抗运动。

按照郑义（1996）的说法，第一个文革是"毛的文革"，主动自觉地利用群众运动来打乱共产党，以清除威胁他地位的高级同僚。他不怕天下大乱，他自信有控制大局的能力。第二个文革可称为"人民的文革"：被动地不自觉地利用毛泽东的威望，来打倒压迫他们的贪官污吏，以争得起码的民主权利。两个文革为了各自的目标相互利用，同时又相互冲突斗争。"毛文革"持续十年，"人民文革"仅持续三年（从 1966 年到 1968 年）。文革中成立的群众组织，被毛依靠军队的帮助强行解散。"人民文革"以那些敢于挑战中共统治的造反派被抓捕、判刑甚至死刑而告终。

"内乱说"被广大中国的民众所接受，包括大多数知识分子。西方学者一边倒地认同"社会冲突说"，把文革看成是一个大规模的为期三年的群众运动。当然，近年来有些西方学者也开始接受文革是十年的看法。"社会冲突说"与"一个文革说"的重要区别，是三年和十年的分期问题。前者视文革为一个独立的社会运动，不应该与后七年的党的运动混淆在一起。对这些西方学者来说，区分中共的镇压、迫害与民众造反运动的最佳途径，是把文革定义为三年。

"一个文革说"与"两个文革说"争论的焦点，是"人民文革"是否存在的问题，即是否存在着一个独立于"毛文革"的"人民文革"。支持"两个文革说"的学者大多是当年的造反派。这些学者与参与上世纪 70 年代学潮的西方学者一样，有着类似的经历。他们的一个重要的特征是，对把抗议的民众描述为"暴民"持否定态度。在他们看来，"人民文革"不是"乌合之众"的非理性爆发，而是一个具有明确目标和策略的政治运动。

"两个文革说"的支持者通过他们自身的经历和使命感，从正面描述文革的群众运动。这些曾经的造反派试图把群众运动与文革后发生的民主运动联系起来，认为文革中的群众运动是文革后民主运动的前奏，民主运动是文革群众运动的继续。

"一个文革说"的学者，对"两个文革说"学者的前造反派身份持鄙视态度。中共竭尽全力抹黑当年的造反派，使得民众与曾经的造反派保持距离。在文革定义的争议中，不仅有学术的因素，还带有政治色彩。

"内乱说"把文革定义为以邓为首的被迫害的领导人与以毛为首的极左派之间进行的一场权力斗争。在为期十年的内乱中，坚持正确路线的老干部受到残害、清洗，有的甚至被整死。他们在毛死后终于"拨乱反正"，"挽救"了党和国家。在该版本的文革定义中，没有亿万民众的身影，没有提到在文革中影响巨大的群众运动。在邓以及追随者的眼里，民众不可能理解党内的权力斗争。中共的"内乱说"把民众描述成无知、非理性、无意识的群氓，根本没有必要在文革的官方史书中写上一笔。

事实与"内乱说"大相径庭。文革中，民众分裂成敌对的派别，陷入激烈的斗争。这些派别可以基本分为三大阵营：激进派、温和派、保守派。这些派别分裂的根源是社会冲突。工人、农民和广大民众积累多年来对政府的不满。当机会来临时，民众趁机造反，发泄不满。由于这一现实对中共十分不利，使他们十分尴尬，所以中共的"内乱说"有意回避之，尽量缩小民众在文革中的作用。"内乱说"故意把具有造反精神的民众与林彪、"四人帮"混淆在一起。造反派从毛、林和"四人帮"的受害者变成他们的同伙,成为十恶不赦的恶魔。这就混淆民众激进派与党内激进派的区别。同时,"内乱说"把邓及其追随者打扮成文革的主要受害者(Chan,1992)。

事实上,文革的最大受害者是黑五类。他们在文革的一系列运动中始终是被打击的对象,甚至连造反派也对他们避而远之,生怕受到牵连。三年的群众运动过去后,造反派相继倒台,所受的迫害不亚于所谓的走资派和资产阶级反动权威,众多的造反派被枪杀或判刑。如南京王金事件运动的领导人查全华,被军管会于1969年底枪决。查全华并未参与过"打、砸、抢",他很早就淡出运动,潜心研究马列主义。但是,当局仍未放过他。总之,"内乱说"掩盖黑五类和造反派在文革中受到的迫害。

更重要的是,"内乱说"把保守派和党的各级领导在文革中的罪责一笔勾销。造反派被描绘成为双手沾满鲜血的恶棍和流氓,文革中所有的坏事和恶事都被转嫁到造反派身上。如果有人在文革中受到迫害,那都是造反派干的。事实上,保守派和党的干部在群众运动结束后不久就重掌权力,对民众犯下许多不可饶恕的罪恶,这些人的罪责却没有引起足够的注意。

被歪曲的文革群众运动史,也使得我们不能正确理解文革群众运动与后来的民主运动之间的联系。在"内乱说"的影响下,造反派与流氓成为同义词,造反派受到民运人士的抵制和排斥。这些民运人士没有从造反派身上汲取教训。持不同政见的中国学生运动,更不愿将文革群众运动与后来的民主运动联系起来。

这一错误的后果是令人痛心的。尽管中国的民运人士鄙视造反派,可是他们却依然在犯先驱们同样的错误:不包容、不妥协、无休止地争权夺利,最后走上自毁的道路。在文革中,造反派好歹还造就出一批叱咤风云的领袖人物,领导数万、数十万甚至上百万的民众进行抗争。今天的中国民运队伍却是一盘散沙,毫无战斗力,比当年的造反派还不如。这正应了美国哲学家桑塔亚那(Santayana)的一句名言:"忘记过去,必将重蹈覆辙。"

　　"一个文革说"的学者把文革定义为一场复杂的政治运动，他们驳斥"两个文革说"的论点是："人民文革说"是否能够成立的关键，"要看是否存在着所谓的反抗共产暴政的人民起义"。该派学者认为，在这方面，"两个文革说"并没有也不可能提供有说服力的证据。在群众组织身上找不到一丝反抗所谓"暴政"的影子，更不用说有任何"反共"的味道。文革中的造反派的目标既非改朝换代，也非推翻国家政权和打倒共产党（金春明，1998）；即使有反官僚的因素，也只是反官僚不反皇帝，连古代的造反者都不如（徐友渔，1999）。总之，"两个文革说"的致命问题是"只反贪官，不反皇帝"（郑仲兵等，2004）。

　　显然，"一个文革说"的学者在这里采取双重标准。如果说"人民文革说"的成立需要建筑在造反派提出推翻共产党政权的基础之上，那么"毛文革"反的是哪个政权、哪个"皇帝"呢？

　　社会运动学把社会运动分为四类。其中一个重要而又常见的类别是"改革运动"。"改革运动"的矛头并不指向现行的制度，只是对现有体制进行局部的改革。运动的目标是改革社会的某些不合理部分，并非企图推翻整个现行体制。按照"一个文革说"学者的标准，中国的 1976 年的四.五运动、1989 年的民主运动也不能成为独立的社会运动，因为它们只反对"四人帮"、只是请愿要求民主化，并没有把矛头直接指向中共的政权和现行的体制。

　　既然文革中根本没有"一个文革说"学者所指的那种"革命"（无论是"人民文革"还是"毛文革"），为什么他们对属于"改革运动"的文革群众运动与党的运动的迥然不同的性质视而不见呢？这是因为，"一个文革说"是建筑在一个错误的理论框架下的学说。

　　按照"一个文革说"的观点，亿万群众卷入文革的原因，是由于林彪和"四人帮"的蛊惑挑唆，是不明真相（席宣、金春明，2005）。徐贲（2010）认为，毛对各种各样的群众始终牢牢地维持着全面控制，毛展现巨大的蛊惑天才。尽管造反派的行为动机中包含反官僚的因素，但是这种逆反的作用有限。有学者明确地指出，民众不辨真伪，失去个性，没有推理能力，变成乌合之众（王克明、宋小明，2014）。陈子明（2014）则更明确地提出，造反派是"疯子"，逍遥派是"傻子"。

认为民众智力低下，是疯子、傻子的说法是有理论根据的。这个理论就是"乌合之众论"，它的代表人物是勒庞（Le Bon），代表作是 1895 年发表的《乌合之众》。遗憾的是，"乌合之众论"早在上世纪的 70 年代就已经被"不名誉地开除出"社会运动学的研究领域（Kurzman, 2004），已成"死老虎"。建筑在已经被摒弃的"乌合之众论"理论框架下的"一个文革说"，也就不攻自破。我们华人学界没有必要再重复西方学界几十年前所批判的"民众非理性"的老路（乔晞华，2018）。

西方学者（Lee, 1978; Chan, 1992; Chan et al., 1980）在分析文革群众运动时，运用"社会冲突论"的理论。这是马克思主义的理论。马克思主义虽然没有提出专门的社会运动理论，但是马克思主义本身就是一个关于社会运动的理论（Cox and Nilsen, 2005）。

马克思主义的基本观点是：无产阶级和资产阶级之间的矛盾是不可调和的。只要资产阶级掌握权力一天，工人阶级的工作和生活条件就不可能真正得到改善。该理论的核心是，社会的不平等必将导致革命运动的爆发，阶级利益是社会运动的核心（Edwards, 2014）。

由于受"必然性"的影响，认同"社会冲突论"的学者往往把文革中的矛盾归咎于集团利益的冲突。家庭出身问题成为突出的矛盾，保守派由出身好的人组成，造反派中出身不好的占多数（Lee, 1978）。阶级背景的对立，转化成派别（Chan et al. 1980）。

文革中暴露出来的社会矛盾并非一朝一夕产生。为什么文革前 17 年这些矛盾并没有导致民众大规模的反抗？因为结构条件并不能自动导致民众的反抗（McAdam, 1982）。在这方面，"资源动员论"显示出优越性。该理论认为，运动的发起不仅需要存在的社会矛盾和冲突，还需要社会资源。"政治过程论"强调不仅需要民众的反叛意识，还需要政治机会。民众有了额外的机会，运动才能发动起来。"新社会运动理论"强调后物质主义的价值追求，跳出过去的经济范围。虽然文革中曾经出现过一些"经济主义"运动，但是民众关心的更多的是政治问题。

由于"社会冲突论"存在的缺陷（Porta and Diani, 2006），该理论的运用受到限制（Morris and Herring, 1987）。以阶级斗争为基础的"社会冲突论"在上世纪 70 年代开始失去往日的威力（Habermas, 1987），退出历史舞台。

"社会冲突说"的另一个问题是分期问题。"内乱说"把文革作为十年一起否定，是出于政治考虑。邓小平很"策略地"把三年造反和不受欢迎的七年镇压混合起来（Chan, 1992），使造反派成为文革罪孽的两个最重要的集体记忆之一：上层是林彪、"四人帮"，下层是造反派。造反派成为诬陷、阴谋和暴力的代名词。当局将文革定为十年，使得许多人把造反派诞生前和群众组织已经解散后受迫害的账也算到造反派头上（宋永毅，2006）。在各种复旧风、翻案风、平反风、昭雪风中，当局为过去遗留下来的问题和不公正找到一个容量巨大的替罪羊（喜东，1996a，1996b）。"文革三年说"可以撇清当局对造反派的妖魔化。至少文革后七年，自上而下的由高层发起的整人运动（如"一打三反"），这些迫害账不能算在造反派头上。

然而，这种因噎废食的作法忽视群众运动和党的运动之间的联系。中国是一个专制国家，不同于西方社会的民主国家。生活在或者曾经生活在中国的华人有切身体会。除文革初期毛为了打败政敌的特殊情况，执政党对群众运动一直视为洪水猛兽。持"两个文革说"者也不得不承认，没有"毛文革"就没有"人民文革"（刘国凯，2006a，2006b），两个文革的关系是相互利用（郑义，1996），相互交错（刘国凯，1997）。正如 Unger（2007）所说，文革不是要么"人民文革"要么"毛文革"的问题。

为了防止文革结束后秋后算账遭报复，造反派开始时几乎无一例外地寻求官方的正式承认。上海"工总司"试图通过让市委领导露面的方式得到官方的承认。结果市委抓住造反派的软肋，宣布"三不"：不参加、不承认、不支持。毛深夜召见首都五大学生领袖，标志着文革群众组织的止歇。但是群众组织的消失，并不意味着其人心、影响力和战斗力的消失。群众组织消失的同时，各地的革命委员会（简称"革委会"）相继成立，有些造反派得以进入新的政权机构。当时还存在一个合法组织专门收留造反派成员，这就是"革命工人代表大会"（简称"工代会"）。有些省的造反派利用这一活动平台，在批林批孔运动中东山再起，与保守派做最后的抗争。尽管群众组织在形式上没有了，但是造反派人还在，思想还在，斗争还在继续。

中国是一党天下的专制国家，与西方民主国家有着诸多不同。最重要的一个差别是群众运动的生存条件。中共历来实行禁言禁党的政治高压政策，对社会实行严密控制。草根的社会运动在中国大陆基本上没有生存空间，无法有效地向民众传播自己的主张。自下而上的草根运动的兴起和发展壮大几乎不可能，自发和自主的社会改革运动几乎没有存在的可能性。文革中的群众运动虽然有其独立性，应该与党的运动区别对待，但是群众运动并不像西方国家里的民主运动那样享受真正的自主权，并不完全独立。

由于忽略以上这些区别，不少西方学者未能正确地理解文革和群众运动之间的关系。西方学者一边倒地持文革三年的观点，是因为在西方国家，不以推翻现行政权的社会运动司空见惯、习以为常。深受"社会冲突说"影响，持"两个文革说"的中国学者，提出"人民文革"作为一种妥协和让步（喜东，1996b）。这是因为中国学者经历过文革，对中共及其体制有更深刻的体会。

尽管"一个文革说"存在严重的缺陷，但并不意味着"两个文革说"正确。"两个文革说"的问题与"一个文革说"一样，问题也出在理论框架上。该学说基于一个已经过时的理论——"社会冲突论"。

"两个文革说"的另一问题是其错误的定位。该派学者认为，文革中的群众运动，是一个利用皇帝打倒贪官污吏，争取自身权力，不自觉的、带有民主色彩的"人民起义"和"人民革命"。面对"一个文革说"极力否定"人民文革"的存在，"两个文革说"的学者只好牵强附会，把文革中民众的"改革运动"硬说成是"革命运动"。

在这个问题上，"一个文革说"和"两个文革说"均犯了一个低级错误：即忽视社会运动学中对社会运动的分类，没有意识到"只反贪官，不反皇帝"的群众运动有其合法地位。如果持"两个文革说"的学者在一开始就旗帜鲜明地提出，文革中民众的群众行为是社会运动中常见的"改革运动"，他们就会理直气壮得多。"起义说"和"革命说"过于激进，缺乏令人信服的证据，被"一个文革说"抓住把柄。"真理向前一步是谬误"的说法，用在"两个文革说"上再合适不过。

文革涉及全中国的亿万民众和中共的各层官僚。文革不是"内乱"，不是革命，也不是一个运动，而是一场为谋取利益的斗争，是诸多决策主体根据掌握的信息和对自身能力的认知，做出有利于自身利益的决策的一场经济和政治斗争。现代数学中的博弈论是应用数学的一个重要分支。这是关于多个决策主体之间行为具有相互作用时，做出决策的一种行为理论。当相互发生作用的当事人之间，有一个具有约束力的协定，博弈属于合作博弈。反之，博弈是非合作博弈。按照参与人对其他参与人的了解程度，博弈又分为完全信息博弈和不完全信息博弈。完全信息博弈是指在博弈过程中，每一位参与人了解其他参与人的特征、策略及收益的准确信息。如果对其他参与人的情况了解得不够准确，博弈属于不完全信息博弈。

文革是一场不完全信息的博弈。中共的保守派和温和派对毛的目的并不清楚。毛对中共的保守派尤其防备，保守派因对毛的意图不甚明了，以至于在文革一开始处处被动，几乎全军覆没。同样，民众对毛的意图也不甚理解，所以迟迟不敢有所动作。毛不得不千方百计动员民众起来造反，以达到他的目的。

文革的前三年，激进派和温和派联合起来对付保守派，保守派无情地打压民众的激进派。当保守派垮台以后，民众的激进派与温和派发生分裂，打派仗（刘国凯，1997）。毛通过军队，依靠"三支两军"的方式控制群众组织，用文革中的新文官入主军队，制衡军队中的保守派，用民众反对保守派（朱嘉明，1996）。毛泽东依靠小将，不靠谱；依靠老将，不放心；依靠军队，不可靠；依靠工人，又不行。于是像走马灯，恶性循环，他自己也收不了场（叶永烈，1995）。保守派失势以后，党内的激进派分裂，林彪集团倒台是激进派内部分裂的结果。与此同时，民众的激进派受到残酷的整治。

文革的后七年，是党内的激进派、温和派与保守派之间的斗争，最终以激进派彻底失败而告终。文革是一场混战，六个集团没有固定的同盟，没有长久的共同利益，没有真心的合作，各打各的算盘，是一场非合作式的博弈。

我们对文革的定义是：**为期十年的文革是中国现代史上的重要事件。文革中，党内和党外各自的激进派、温和派和保守派六个集团之间和集团内部，进行了一场不完全信息的非合作式的博弈。文革以保守派失势开始，以激进派完败告终**（乔晞华，2015；Zhang and Wright, 2018）。我们提出的文革定义，可以简称为"博弈说"。

文革实质上是党内外各自的激进派、温和派和保守派六个集团之间和集团内部的一场博杀和斗争。忽略这些复杂斗争的任何一个方面，都将导致我们不能正确地认识文革。

第 8 章 运动的定量分析

前面章节从西方社会运动学的视角对文革的定义进行分析，本章试图用定量分析法进行论证，对中共建政后发生的各大运动进行分类分析。该分析需要我们把抽象的概念具体化。中共建政以来，历次党的运动有相似之处，这些运动都是由执政的中共发动的，运动的方针和目标都是上边规定的，群众虽然有些自主性，但是不能超过领导规定的范围。刘国凯（1997）认为，以往党的运动都是矛头向下、中共高层统一、党组织高效运转。根据社会运动的定义，结合金春明（1995，1998）、刘国凯（1997）等人提出的几个特点，本章采用七个具体指标来分析各运动（见表 8.1）。

表 8.1. 分析运动的七个指标

编号	抽象概念	具体指标
Z1	运动的目的	改革现有制度中不合理的地方？
Z2	运动的自主性	由各级党组织高效控制？
Z3	运动的自发性	运动中民众成立草根组织？
Z4	共产党对运动的政策	高层态度一致？
Z5	运动的对象	矛头向下？
Z6	运动的结果	运动积极分子受迫害？
Z7	运动性质	是整人运动？

根据社会运动的定义（即非党派或非利益集团的运动），一个政党进行的运动不属于社会运动范畴。由于语言的差别，中文无法区别群众性的运动（如文革中的群众运动以及后来的民主运动）和党领导的运动（如镇反运动、三反五反运动、一打三反运动）。在英语中，群众性的社会运动用 Movement 表示，而政党或利益集团的运动则用 Campaign 表示。两者的意义和用法是不同的。后者译为"战役"更为合适。例如，1994 年美国中期大选中，共和党在金

瑞奇[①]的领导下，发起一场共和党人称之为"与美利坚达成契约"运动。该运动提出多项与百姓切身利益有关的提案，如财政责任案中提出政府不得轻易增加税收，必须有五分之三的众议员同意才能增税；减税提案中提出，年收入低于20万美元者，抚养孩子可以减税。共和党还提出加重对暴力罪的惩罚；对未成年母亲减少、限制甚至取消社会福利和补贴，以使年轻人增加社会责任心；强调对儿童的抚养和对老人的赡养等等。这些主张为共和党赢得声誉和人心，在那次中期选举中取得全面胜利，奠定该党参众两院的多数党地位，推翻民主党把持40多年之久的众议院多数党地位（张程、乔晞华，2019）。

"与美利坚达成契约"是美国共和党的一场战役，与中共在解放战争期间进行的三大战役极为相似。两者都是为了夺取政权，只不过采取的手段不同，美国的共和党采用政治手段通过选举，而中共采用武力手段通过战争。

西方学术界在讨论文革时，大多数学者在使用"运动"和"战役"两个词汇时比较谨慎（如 Heilmann，1996；Benton，2010；Unger，2007；Perry，2001）。他们在论著中提到造反运动时均使用运动（Movement）一词，而当提到中共领导的党的运动时则一概使用战役（Campaign）一词。有的论著只谈到党的运动，这些学者绝不使用运动一词（如 Strauss，2006）。当然也少数学者将两词混用（如 White，1989；Lee，1978）。

华人因为语言的原因，已经习惯上把党的运动称为运动。面对这一现实，试图改变人们习惯改称"战役"的企图是不现实的。为了强调两者的区别，本书采用"党的运动"以示与群众运动（即社会运动）的区别。

文革十年期间，中共发动过数次大规模的党的运动，如清理阶级队伍运动，一打三反运动，清查五.一六运动、批林批孔运动，批判右倾翻案风运动等等。文革包含数个党的运动，所以金春明（1998）不得不把文革定义为是"特殊的政治运动"。我们首先来

[①] 纽特·金端奇（Newt Gingrich, 1943），美国政治家，作家。1978年当选佐治亚州国会议员。1995-1999年期间曾任美国国会众议院议长。

分析一下 1949 年中共建政以来发动的党的运动。根据《人民网》《中国人民政府网》《中国共产党新闻网》《新华网》《百度百科》《维基百科》等网站，归纳中共建政以来开展的重大的党的运动（见表 8.2）。

表 8.2. 中共建政以来重要的党的运动

编号	时期	名称	起始日期	结束日期
X1	文革前	土地改革运动	1950 年冬	1953 年春
X2		抗美援朝运动	1950 年 7 月	1953 年 7 月
X3		镇压反革命运动	1950 年 12 月	1951 年 10 月
X4		三反五反运动	1951 年 12 月	1952 年 10 月
X5		反右运动	1957 年 6 月	1958 年 6 月
X6		人民公社化运动	1958 年 8 月	1958 年底
X7		大跃进运动	1958 年 5 月	1961 年 1 月
X8		社会主义教育/四清运动[①]	1962 年冬	1966 年 12 月
X9		学雷锋运动	1963 年 3 月	仍未结束[②]
X10		学解放军运动	1964 年 2 月	仍未结束
X11		工业学大庆运动	1964 年 12 月	1978 年 12 月[③]
X12		农业学大寨运动	1964 年 12 月	1979 年 3 月
X13		上山下乡运动	1955 年 9 月	1981 年 11 月
X14	文革后	五讲四美运动	1981 年 2 月	仍未结束
X15		反对资产阶级自由化运动	1987 年 1 月	仍未结束
X16		三讲运动	1998 年 11 月	2000 年 11 月
X17		取缔法轮功运动	1999 年 7 月	仍未结束
X18		三个代表运动	2000 年 2 月	仍未结束
X19		科学发展观运动	2008 年 9 月	2010 年 2 月
X20		和谐社会运动	2004 年 9 月	仍未结束
X21		保持党员先进性教育运动	2005 年 1 月	2006 年 6 月
X22		社会主义荣辱观运动	2006 年 3 月	仍未结束
X23		创先争优运动	2010 年 10 月	仍未结束
X24		群众路线运动	2013 年 6 月	2014 年 10 月

[①] 社会主义教育运动于 1963 年 11 月并入四清运动。

[②] 无法找到该运动已经宣布停止的证据，以下同。

[③] 也有说 1977 年 5 月。

编号	时期	名称	起始日期	结束日期
X25		二月镇反	1967 年 1 月	1967 年 4 月
X26	文	清理阶级队伍	1968 年 5 月	1969 年 12 月
X27	革	一打三反运动	1970 年 1 月	1972 年 12 月[①]
X28	期	清查五.一六分子运动	1970 年 1 月	1974 年 1 月
X29	间	批林批孔运动	1974 年 1 月	1974 年 6 月
X30		批邓、反击右倾翻案风运动	1975 年 11 月	1977 年 7 月

　　胡甫臣（2014）曾在网上发文列举中共建政以来的 52 个政治运动。该文中提及的有些党的运动并不是全国范围内进行，不为普通民众所熟悉，因此本章的分析没有把 52 个党的运动全部放入分析模型。从表 8.2 可以看到，中共建政以来党的运动的对象不同、目标不同，属于不同的类别。Strauss（2006）把文革前的党的运动分为四类，（1）建立和强化官僚机构运动（如公私合营等）；（2）通过官僚机构进行的改变习俗运动（如消除妓女、禁止抽鸦片运动）；（3）官僚机构与民众合力进行的改变自然和习俗的运动（如除四害）；（4）阶级斗争和政治运动（如抗美援朝、三反五反）。

　　中共建政以来，中国还发生过一些具有民主性质的运动，如 1989 年民运，文革中的群众运动，南外王金事件运动，文革中"全红总"运动（杨继绳，2016），知青大返城运动（乔晞华，2021）。为了使分析更有说服力，我们把美国的黑人民权运动作为参考放入分析模型里。表 8.3 是分析模型中的特别关注的几个运动。

表 8.3. 中共建政以来发生的非党的运动及参考运动

编号	时期	名称	起始日期	结束日期
X31		文革群众运动	1966 年 6 月	1968 年 7 月
X32	文	知青大返城运动	1966 年 10 月	1982 年 10 月
X33		王金事件调查运动	1966 年 10 月	1967 年 3 月
X34	革	全红总运动	1966 年 11 月	1967 年 1 月
X35		1976 年四.五运动	1976 年 1 月	1976 年 4 月

[①] 全国有的地区结束得较晚。

编号	时期	名称	起始日期	结束日期
X36	文	西单民主墙运动	1978 年 10 月	1979 年 11 月
X37	革	1986 年民运	1986 年 12 月	1987 年 1 月
X38	后	1989 年民运	1989 年 4 月	1989 年 6 月
X39	参考	美国黑人民权运动	1955 年 5 月	1968 年 4 月

研究社会运动的另一个重要因素是运动持续的时间。一般来说，社会运动经历较长的时间。如上世纪的美国黑人的民权运动，从 1955 年开始一直持续到 1968 年 4 月美国国会通过人权法案经历 13 年。但是，中国的民主运动基本上是短寿的。这是因为中共总是以较快的速度给予镇压或压制，只有文革中的群众运动和知青大返城运动持续多年。鉴于这一情况，在运动的定量分析中，我们没有把运动的持续时间放入分析模型。表 8.4 是分类结果（具体计算和数据此处不赘，有兴趣的读者请参看附录 9）。

表 8.4. 中共建政以来运动的分类

类别	运动
1	土改、镇反、三反五反、反右、四清、二月镇反、一打三反、清查五.一六、批林批孔、批邓反击右倾翻案风、反资产阶级自由化、取缔法轮功
2	抗美援朝、人民公社、大跃进、学雷锋、学大寨、学大庆、学解放军、上山下乡、五讲四美、三讲、三个代表、科学发展观、和谐社会、保持先进性、社会主义荣辱观、创先争优、群众路线
3	文革群众运动、南京王金事件运动、全红总运动、知青大返城运动、1976 年四.五运动、西单民主墙运动、1986 年民运、1989 年民运、美国黑人民权运动

第一类运动显然属于"斗争运动"（或者叫作"整人运动"），第二类运动属于思想教育/生产建设运动，第三类运动具有民主运

动性质。全红总运动要求提高改善临时工和合同工的地位和待遇，与党的整人运动、思想教育/生产建设运动风马牛不相及。南京的民众在"九. 二八调查团"的带领下与当局抗争，为被无辜打死的工人王金讨回公道，不失为一次民主运动的尝试。文革中的群众运动敢于向当权者发起攻击，与党的整人运动具有质的区别。以往的整人运动矛头总是向下，对准百姓中所谓的"贱民"，而文革中的群众运动第一次把矛头对准中共的各级干部，从基层的领导直至党的第二号人物。知青大返城运动是广大知青及其他下乡人员为返回曾经居住过的城市，向当局发动的一次大规模的争取自主迁徙和居住权力的斗争，是中国民众自发兴起和组织，为求生自救而进行的一场为时20多年的民主运动，迫使中共停止上山下乡错误政策。这是中共建政后，中国民众唯一获得成功的社会运动。作为对照参考的美国黑人民权运动属于第三类进一步说明该类运动的性质。

中共建政以来的运动可以分为三类的定量分析结果具有以下意义：群众运动有别于党的运动（无论是整人/斗争运动，还是思想教育/生产建设运动）。虽然广大民众没有把改朝换代作为他们的目标，也没有把推翻国家政权和打倒共产党作为运动的宗旨，但是民众的矛头不是以往党的运动中的平民百姓和"贱民"，斗争矛头直指他们痛恨的中共官僚和中共的政策，这是不争的事实。

从社会运动的七个指标上看，文革的造反运动与党的两种运动有着巨大的差别：从运动的目的（是否改革社会不合理现象），运动的组织形式或自主性（是否经过层层党组织的严密控制），运动的自发性（是否成立草根组织），运动的对象（是否矛头向下），运动的性质（是否整治百姓和"贱民"），以及运动中积极分子的命运等诸多方面，文革的群众运动与党的运动大相径庭，却与中国历次出现的民主运动和美国的民权运动相似，忽略这些特点就不能正确理解文革的群众运动。

第9章 西方学者的争论

南外王金事件中，王金所在单位是一个充满社会底层人物、边缘人物的单位。王金的死成为其同事的借口，多年来积压在心中的不满像火山一样爆发。我们可以从分析打死王金事件引发的南京市民强烈的抗议活动，讨论民众参加造反的动机问题。

西方学者从参加群众组织的派别来分析民众造反的动机。有学者认为，群众组织的派别与家庭出身有着密切的关系。家庭出身是中共建政后强加在民众头上的政治标签。中国人被分为三大类，即红五类、黑五类和灰五类。这些身份决定每个中国人的社会地位、受教育的机会、政治前途、事业发展和家庭生活，决定一个人的一切。文革中家庭出身在派别抉择中起了重要作用。

Chan 等人（1980）调查广州中学红卫兵的情况，发现出身好的学生倾向参加保守派组织，家庭出身不好的学生则倾向参加造反派组织。而且出身好的学生参加群众组织的积极性高，如革军革干子弟达到 92%，黑五类出身的学生大多选择或被迫做逍遥派（高达60%）。我们将坚持该观点的学者称为"社会冲突派"。

"社会冲突说"遭到质疑。Andreas（2002）在研究清华大学和清华大学附中的派别情况时，通过分析政治资本和文化资本发现，清华大学附中的学生派别受家庭出身的影响，但清华大学的学生派别却与家庭出身无关。清华大学附中的派别依政治资本和文化资本划线，与 Chan 等人的发现相似，但是清华大学的派别划线的情况却完全不同。激进派既攻击政治领导层，也攻击文化领导层；温和派却既保护政治领导层，也保护文化领导层。这是因为两校的学生构成不同：清华大学有大批的工农子弟，使得派别的选择机制有别于清华大学附中。工农子弟既不被血统论完全排斥，也不被血统论完全接受。因此，以文化资本和旧知识分子为攻击目标的血统论在清华大学不占主导地位。激进派既攻击政治领导层，也攻击文化领导层。

　　Walder（2006）在研究北京大学红卫兵时发现，红卫兵的权力和特权的状况，对文革中的派别没有影响。北京大学的派别冲突，实质上反映了运动各方为反对党的旧领导展开的一场竞争。他们并没有提出对抗的纲领，表达不同的政治观，也没有否定反对现存的政治和社会格局，或表现出不同的政治取向。在两派没有重大政治分歧的情况下，很难想象学生会根据自身的既得利益和政治观点去选择加入哪一方。派别冲突产生于造反突然转向夺权和再掌权这一过程中。"天派"和"地派"源于组织中错综复杂的联盟关系。这些特征有助于我们理解，不同的利益集团在对政治格局不具有明显的立场分歧，没有依据自身所处的社会状况采取行动的情况下，派别斗争是如何升温并最终演变成暴力冲突的。

　　Walder（2009）对北京的红卫兵运动的研究，得出相似的结论。他认为，把北京的分裂说成是先前社会地位分裂的表现是不对的。社会分裂只适合初期，"天派"和"地派"不是温和与激进的问题。北京的派别斗争，并非不同取向的利益集团之间的斗争。他们有相同的背景，其身份和利益是一系列互动中形成的。

　　董国强和Walder（2012）对江苏南京的分析发现，南京派性斗争的起源，与利益集团的政治类型相似之处很少。尽管利益集团政治孕育了文革期间冲突的观点在学界颇为流行，但南京的派别却显示出是官僚政治语境中的不同派别。那些在现行体制中获益的人们并未团结一致地捍卫它，从而与那些受排斥试图颠覆现行体制的人形成对抗。具有相同或相似背景的人们，在局势瞬息万变、各方信息含混不清的情况下，阴差阳错地采取不同的政治立场，形成相互敌对的阵营。他们的分野也不是一成不变的，因为冲突的每个阶段都会产生一批赢家和输家，促使人们不断地变换政治归属，派性的分野也处于不断的变化之中。江苏和南京的运动，是伴随着官僚政治的变动展开的。官僚政治促使效忠现行政治体制的人们相互斗争，从内部瓦解现行政治体制的权力架构。

　　Forster（1990）对浙江的研究，Perry and Li（1997）对上海工人运动的研究，也对家庭出身与派别选择之间的关系说提出挑战。我们将这一派学者称为"政治过程派"。那么，造成以上两派学者观点分歧的根源在哪里呢？

解决这一问题需要首先对各派组织进行分类，尽管以前对群众组织的派别分类有不少研究，但是到目前为止，还没有学者对全国各省级群众组织的派别进行系统性的分类。由于派别存在不同的类型，派别斗争分属不同的性质，研究结果莫衷一是也就在预料之中。本章试图对全国各省的群众组织进行系统的、客观的和定量的分类，然后再讨论参加群众组织的动机问题。

9.1. 各省级群众组织派别

文革中各省级的群众组织可以归纳如下表：

表 9.1. 各省级群众组织派别一览表

编号	省份	派别简称	组织派别全称/主要成员/名称来源	类别[1]
P1	安徽	安徽好派	安徽一.二六夺权好得很	激
P2	安徽	安徽 P 派	安徽一.二六夺权好个屁	温
P3	北京	北京天派	以北京航空学院红旗为首	激
P4	北京	北京地派	以北京地质学院东方红为首	激
P5	北京	新北大公社[2]	新北大公社	激
P6	北京	新北大公社井冈山	新北大公社井冈山	温
P7	北京	清华大学团派	清华大学井冈山兵团	激
P8	北京	清华大学四派	清华大学井冈山兵团四.一四总部	温
P9	福建	福建八.二九	福建省八.二九革命造反总司令部	温
P10	福建	福建革造会	福建省革命造反委员会	激
P11	福建	福建四.二零革造会	福建省四.二零革命造反委员会	激

---

[1] 类别的意义：激=激进派，温=温和派，保=保守派。具体分类请参见附录10。

[2] 由于北京大学和清华大学在文革群众运动中占据特别重要的地位，我们在讨论省级群众组织时把它们也包括在内。

编号	省份	派别简称	组织派别全称/主要成员/名称来源	类别①
P12	甘肃	甘肃红三司	甘肃省红色造反派联合第三司令部	激
P13	甘肃	甘肃红联	甘肃省红色造反派联络委员会	保
P14	甘肃	甘肃革联	甘肃省革命造反派联络委员会	保
P15	广东	广东旗派	中大红旗、华工红旗、广医红旗、红旗工人等	激
P16	广东	广东东风（总）派	广东地总、广东红总	保
P17	广西	广西四.二二	广西四.二二革命行动指挥部	激
P18	广西	广西联指	广西无产阶级革命派联合指挥部	保
P19	贵州	贵州四.一一	贵州四.一一	温
P20	贵州	贵州支红派	支持红代会派	激
P21	贵州	贵州红卫军	贵州省毛泽东思想工人红卫军	激
P22	河北	河北保定工总	保定工人革命造反总部	激
P23	河北	河北保定工筹	保定工代会筹委会	保
P24	河北	河北石家庄（东派）反军派	石家庄狂人公社总社，或称狂派	激
P25	河北	河北石家庄（西派）拥军派	河北石家庄拥军派	温
P26	河南	河南二.七公社	河南二.七公社	激
P27	河南	河南河造总	河南省革命造反总指挥部	温
P28	河南	河南十大总部	河南十大总部	保
P29	黑龙江	黑龙江捍联总	捍卫革命三结合总指挥部	激
P30	黑龙江	黑龙江炮轰派	炮轰联络站	温
P31	湖北	湖北钢派	钢工总、钢九.一三、钢二司	激
P32	湖北	湖北新派	新华工、新湖大、新华农	温
P33	湖北	湖北百万雄师	湖北百万雄师	保
P34	湖南	湖南湘江风雷	毛泽东主义红卫兵湘江风雷挺进纵队	激
P35	湖南	湖南工联	长沙市工人造反联合委员会	温
P36	湖南	湖南高司	长沙市高等院校红卫兵司令部	保
P37	吉林	吉林红二派	二总部、红革会	温

编号	省份	派别简称	组织派别全称/主要成员/名称来源	类别①
P38	吉林	吉林公社派	长春公社、东方红公社	保
P39	江苏	江苏好派	江苏一.二六夺权好得很	激
P40	江苏	江苏P派	江苏一.二六夺权好个屁	温
P41	江西	江西大联筹	江西省无产阶级革命派大联合筹备委员会	激
P42	江西	江西联络总站	江西省市无产阶级革命派联络总站	保
P43	辽宁	辽宁八.三一	辽宁八.三一革命造反总司令部	激
P44	辽宁	辽宁辽联	辽宁省革命造反派大联合委员会	温
P45	辽宁	辽宁辽革	辽宁无产阶级革命派联络站	温
P46	内蒙	内蒙呼三司	呼和浩特市革命造反红卫兵司令部	激
P47	内蒙	内蒙红、工、无	内蒙红（卫军）工（农兵）无（产者）	保
P48	宁夏	宁夏总指挥部	宁夏无产阶级革命派总指挥部	激
P49	宁夏	宁夏总司	宁夏无产阶级革命造反派总司令部	温
P50	宁夏	宁夏三司	宁夏无产阶级革命造反派第三司令部	温
P51	宁夏	宁夏筹革造	宁夏筹革造	保
P52	青海	青海八.一八	青海省八.一八红卫战斗队总联络站	激
P53	青海	青海捍卫队	青海省捍卫毛泽东思想战斗队	保
P54	山东	山东四.二八	支持王效禹派	激
P55	山东	山东四.二二	反对王效禹派	温
P56	山西	山西红总站	山西省革命造反总指挥部	激
P57	山西	山西红联站	山西省大中院校红色造反联络站	温
P58	陕西	陕西东派	西安工人造反总司令部等	温
P59	陕西	陕西西派	西安工人联合会等	激
P60	上海	上海工总司	上海工人革命造反总司令部	激
P61	上海	上海红革会	红卫兵上海市大专院校革命委员会	温
P62	上海	上海支联站	支援上海柴油机厂革命造反联合司令部联络总站	温
P63	四川成都	四川成都八.二六	八.二六战斗兵团	激
P64	四川成都	四川成都红成	红卫兵成都部队	温
P65	四川成都	四川成都产业军	成都产业工人战斗军	保

编号	省份	派别简称	组织派别全称/主要成员/名称来源	类别[①]
P66	四川重庆	四川重庆八.一五	重庆大学八.一五为首	温
P67	四川重庆	四川重庆反到底	西南师范学院八.三一、工人造反军等	激
P68	西藏	西藏造总	拉萨革命造反总部	激
P69	西藏	西藏大联指	拉萨无产阶级大联合革命指挥部	保
P70	新疆	新疆三新派	新疆职工总司、新疆红二司、新疆农民造反司令部	激
P71	新疆	新疆三促派	新疆革命工人大联合促进会、新疆红卫兵革命大联合促进会、新疆农民大联合促进会	保
P72	云南	云南八派	以昆明工学院八.二三造反兵团为首	激
P73	云南	云南炮派	以云南大学炮兵团为首	温
P74	浙江	浙江省联总	浙江省革命造反联合总指挥部	激
P75	浙江	浙江红暴会	浙江省红色暴动委员会	温
P76	天津	天津大联筹	天津市革命造反派大联合筹备委员会	温
P77	天津	天津五代会	工代会、干代会、农代会、大专院校红代会、中学红代会	激

8.2. 分类指标和分类

对省级的群众组织派别分类需要分类指标。我们采用以下六个客观指标进行分类:

表 9.2. 派别分类指标

指标	分类指标内容
V1	文革初期的保守派,或改头换面,或成员主要来自文革初期的保守派
V2	受军队打击(特别是二月镇反)
V3	组织代表进入省革会常委会
V4	进入省革会常委会的代表文革后受到整肃
V5	支持该派的领导在文革后受到整肃
V6	支持该派的领导在文革后复出重新上台

我们对派别的分类不包括文革初期有明显官方色彩的保守组织。因为对此类保守组织的分类，学界没有分歧意见，而且这些保守组织在"一月革命"中大多解体不复存在。有些省的保守组织在省委倒台后改头换面，继续与造反派组织抗衡，但是在革委会成立前解体，如湖北的"百万雄师"、江西的"联络总站"。在有些省，保守派得以幸存，一直与造反派对峙到省革会成立，如广西的"联指"、广东的"东风派"等。指标 V1 用来衡量这一情况。

1967 年"一月革命"以后，各级官僚机构瘫痪，党的组织活动停止，天下大乱。中共的元老们开始抗争，这就是史称的"二月逆流"。伴随着北京的"二月逆流"，全国各地的军队对造反派施行新的一轮镇压（即"二月镇反"）。这一轮对造反派的镇压，从 1967 年 2 月开始一直持续到夏天（杨继绳，2016）。许多省的造反派组织在"二月镇反"中深受其害，不少人进了监狱，更多的人受到审查批斗。这些组织的阶级成分一般都存在问题，用当时的话来说，是"阶级成分复杂"或"阶级成分不纯"。在中央为其平反后，这些组织造反更加激烈。因此，是否遭到军队镇压是衡量群众组织的一个重要标准。只要该派组织或其部分下属组织被军方取缔或遭到军方打击，V2 指标均记为肯定。如"江苏好派"下属的部分组织被取缔，受到不利的影响，所以"江苏好派"的 V2 指标记为肯定。

不少群众组织的领袖在成立省革委会时有幸进入省革会常委会。由于一些省的革委会名单中无法区分其派别，我们采用定性记法（即该派组织只要有人进入常委会，V3 指标则记为肯定）。同理，只要该派组织进入革委会常委的成员有人在文革后受到整肃，V4 则记为肯定。如"江苏 P 派"进入省革委会常委代表中，只有曾邦元一人被判十年徒刑。其他人虽然也遭到清洗，但没有被判刑。该组织的 V4 指标也记为肯定。由于绝大多数成为省革会常委的群众代表在文革后均遭到解职，这里所说的整肃指的是被判刑、免于刑事处分和开除党籍等更为严重的处罚。V5 指的是背后支持该派群众组织的领导干部或上层人物。支持者受整肃与 V4 一样，指的是判刑、免于刑事处分或开除党籍的处罚。指标 V6 指的是支持该派

组织的领导干部文革后复出重新上台。如支持"青海捍卫队"的赵
永夫，因为下令开枪屠杀无辜学生被审查关起来。但是文革结束
后，赵永夫咸鱼翻身，很快被放出来。他不仅没有受到处罚，还担
任北京军区装甲兵顾问，最后以正军职干部离休，所以青海捍卫队
V6 记为肯定①。

我们把省级群众组织分为三类（如表 9.1 所示）。具体的数据
和分类计算请参见附录 10。

9.3. 基于派别对立的省市自治区分类

曾有学者对各省群众组织派别对峙的情况做过讨论（如徐友
渔，1999b），但是没有学者进行系统的分类。我们根据以上派别
的分类，对各省进行分类。从上述的派别分类中可以看到，有些省
的斗争是保守派与造反派之间的冲突，有些省则是分裂的造反派
（即激进派与温和派）之间的争斗。也有少数省是造反派"一家天
下"，局势基本上由一个大派群众组织控制，没有严重的矛盾冲
突。如果以 1968 年下半年各省级组织最终解散时为参照点，各省
可以分为以下三类：

表 9.3. 各省文革中派别斗争的分类

编号	类型	数量	成员
1	造反派一派掌权	3	上海、内蒙、青海
2	分裂的造反派争斗	16	安徽、北京、福建、贵州、湖北、黑龙江、湖南、江苏、辽宁、四川、山东、山西、陕西、天津、云南、浙江、（河北石家庄）
3	保守派与造反派冲突	9	广东、广西、甘肃、河南、吉林、江西、宁夏、新疆、西藏、（河北保定）

① 有兴趣的读者可以参看乔晞华等（2020），该书对各省的大派组织进
行简明扼要的介绍。分类数据是根据该介绍整理的。

注：由于河北省没有形成全省统一的群众组织和派别，我们分别对石家庄和保定两市进行分类。

　　第一类是造反派"一家天下"的省（直辖市），最突出的例子是上海。上海"工总司"在上海处于主导地位长达近十年之久。在第二类省中，分裂的造反派进行殊死的搏斗和厮杀，死伤无数，最后是两败俱伤。在此类省中，有的是两大造反派对抗，如安徽、湖北、湖南、四川和江苏；也有的省是三派混战，如辽宁。在第二类省中，四川的武斗相当惨烈。这是由于四川有不少军工厂，文革中成了两派武斗的军火库。第三类省中的保守派一直坚持下来与造反派对峙，如广东、广西、新疆和西藏。有些省的派别是一对一的对抗，如广东和广西。保守派"广东东风派"和"广西联指派"，分别与"广东旗派"和"广西四.二二派"对抗。也有的省是一对多的混战，即一个保守派组织与多个造反派别混战。如河南的保守派"十大总部"与"二.七公社"、"河造总"对峙，宁夏的保守派"筹备处"与造反派的三大组织分庭抗礼。也有的省是多对一的斗争形势，即两个保守派组织与一个造反派组织对抗，如甘肃的保守派"红联"和"革联"与"红三司"对垒。

　　概言之，北京"天派"和"地派"间的区别，与广州"旗派"和"东风派"之间的区别，有着本质上的不同。前者是同一阵营里不同派别之争，我们把它叫作"宗派性派别"。后者是不同阶级阵营的对峙和冲突，我们把它叫作"阶级性派别"。忽略派别斗争存在着不同性质的类别，将两者混为一谈，是产生西方两派学者不同观点的主要原因。

第 10 章 问卷调查

不仅西方学界对民众参加组织的动机进行研究，华人学界对文革群众组织及民众造反原因的研究也相当多，如徐友渔（1999a，1999b），王绍光（1993），印红标（1997），唐少杰（2000），卜伟华（2000），叶青（2004），徐海亮（2005），叶长青（2018）等。王芳（2008）的研究值得一提。围绕普通工人为何与如何参加一派组织的问题，王芳进行深入的调查研究。她采访多位"钢工总"的领导人和一般成员。该研究发现，领头造反者的动机有以下几种：争取个人权利，改变政治处境，对本单位的当权派不满，同情受打压者，响应毛的号召等。普通成员的动机则有以下几种：发现"钢工总"观点与己吻合；把"钢工总"作为一个发泄口；自我保护；泄私愤；捞政治资本；获得经济利益；好玩等。

但是，迄今为止的研究均存在一个普遍的问题：大多数的研究仅限于研究者的推测分析。Chan 等（1980）曾经收集过数据，可惜他们没有把参加组织的动机包括在调查之中。因此，他们的调查结果仅仅是发现家庭出身与红卫兵的派别有关。迄今为止，还没有学者采用大规模地直接询问文革当事人的方式，了解他们为什么参加群众组织。

持"社会冲突说"观点的西方学者，发现家庭出身与红卫兵派别的关系，因此推断出家庭出身不好的人参加造反派是对现实的不满。这种推断非常符合逻辑也符合直觉，但是缺乏来自当事人的证实。有更多的学者通过研究其他地区（如北京、江苏、浙江和上海等地）发现，家庭出身与派别的关系并没有明显的关系。这一现象是否说明，在这些地区的民众中，参加群众组织的民众对现实并不存在抱怨？

参加一派群众组织（无论是造反派还是保守派），只是一种手段，并不是目的。同一个手段可以服务于不同的目的，不同的手段也可以服务于同一个目的。黑五类为了改善自己的政治处境，既可以参加造反派也可以参加保守派，因为参加保守派未必不能达到同样的目的。为了能够更准确地理解民众为什么参加群众组织的问题，我们采用问卷调查的方式直接询问当事人，试图对此进行分析。

10.1. 关于参加群众组织的问卷调查

作者于 2017 年 4 月 16 日至 2024 年 1 月 31 日，在 Survey Nuts 网站上启动"关于民众在文革中参加群众组织情况的问卷调查"。同时通过电邮、电话、微信以及面谈的形式，对经历过文革的亲戚、朋友、同学和老师进行采访。作者在美国的纽约、得克萨斯州的奥斯汀和休斯敦地区，对部分华人进行采访调查。在友人的帮助下，还从北京向国内的一些民众发放问卷调查表。

考虑到大多数的受访者已经进入垂暮之年，作者把问题设计得尽量简单，并且明确告知问卷调查的参与者，可以在了解情况的条件下代亲友填答。作者曾考虑对参与者付费，以鼓励更多的人参与。在调查过程中，也曾有人提出这样的要求。采用付费鼓励的措施，有利也有弊。如果有人因金钱鼓励多次反复填答，会影响调查的可靠性。在权衡利弊后，决定宁缺毋滥，坚持本次调查以自愿为宗旨[1]。令人欣慰的是，仍有许多不知名的民众积极参与此次调查。

问卷调查共有十个问题：（1）文革开始时所在地；（2）出生年份；（3）性别；（4）家庭出身；（5）政治面貌；（6）职业；（7）参加群众组织情况（多选）；（8）群众组织属于社会哪一大派；（9）参加群众组织的原因，（10）是否因参加群众组织受到审查和迫害[2]。

该问卷调查很有可能成为前无古人后无来者的"世纪绝唱"。因为文革开始时只有 12 岁的小孩子（这是问卷调查设定的最低年限），到 2024 年时已经 70 岁。当年 30 岁左右的年轻人，现在全

---

[1] 作者坚持参与调查自愿的原则的另一个原因是没有经费来源。本研究完全是个人行为，没有任何政府部门或科研机构的资助。

[2] 问卷调查细节详见附录 11。

都进入垂暮之年（90 岁左右）。鉴于目前的情况，即使想对当事人进行大规模的调查，已经不可能了。

问卷调查是在文革结束后 40 多年进行的，受访者在经历几十年后，一般能够以超脱的态度看待这段历史。大多数人以匿名的方式，通过填写网上问卷的方式受访。没有人（包括作为调查主持人）能够追踪到受访者，而且此次调查完全出于自愿。受访者不受任何政治和经济因素的影响。当年的民众由于大环境的压力，对参与文革的真实动机不能直言，必须加以掩盖；需要打着革命的旗号，把自己扮成忠诚的革命追随者（Unger，2016）。在几十年后的今天，受访者无需再掩饰自己，无需对自己当年的追求（包括私利）加以掩饰。

10.2. 数据

截至 2024 年 1 月 31 日[1]，共有 1,822 人参与此次问卷调查。问卷调查的参与者中有一些年龄偏小者，作者决定舍去，仅保留 1966 年时已进入中学或者年龄已经达到 12 岁或以上者[2]。因此，本问卷调查的实际有效受访者人数为 1,686 人。其中网上受访者为 1,487 人，其他方式受访者为 199 人。以下是受访者在 29 个省（当时的行政划分）的分布情况：

表 10.1. 问卷调查受访者省分布

受访者人数	省数	省
300 以上	1	北京（345）
201—300	1	江苏（228）

[1] 此次问卷调查中，作者主要依靠微信向民众发送调查问卷链接。由于自 2018 年下半年开始，国内对舆论加强控制，尽管我从未发表过任何过激言论，但是我的微信账号还是于 2018 年 7 月 15 日和 10 月 4 日两次遭到封杀。

[2] 基本思路是选择 1966 年时已经进入中学的受访者。规定 12 岁界限是因为当时有为数不多的试点小学采取五年制的学制。因此有一些初中一年级的学生年龄是 12 岁。在调查中观察到一些 12 岁的受访者参加了群众组织。

受访者人数	省数	省
101—200	2	上海（130）、四川（109）
51—100	5	湖南（69）、陕西（68）、山东（67）、河南（55）、广东（52）
41—50	5	山西（48）、湖北（46）、辽宁（44）、河北（44）、浙江（42）
31—40	4	黑龙江（39）、甘肃（34）、新疆（33）、内蒙（31）
21—30	4	广西（29）、安徽（27）、天津（26）、福建（22）
11—20	5	江西（20）、云南（16）、吉林（16）、贵州（13）、青海（11）
6—10	1	宁夏（10）
1—5	1	西藏（2）
合计	29	1,676（另有 10 人省份不明）

表 10.1 显示，受访者来自全国 29 个省市自治区。受访者最多的来自北京，超过 300 人。江苏位于第二，达到 200 多人。其次来自上海和四川两地，超过 100 人。再次是湖南、山东、陕西、河南和广东，超过 50 人。山西、湖北、辽宁、河北、浙江、黑龙江、甘肃、新疆和内蒙九个省份超过 30 人。除西藏的受访者较少（仅二人），其他十个省份的受访者达到 10 至 30 人。

受访者不仅来自大城市和各省的省会（如北京、上海、广州、天津、重庆、南京、武汉和长沙等），还来自中小城市和农村的专区、地区和县。受访者既有来自人口密集的华东地区，也有来自最北端的黑龙江的黑河和哈尔滨，西部边陲新疆的乌鲁木齐和阿克苏，西南边陲云南的昆明，以及华南广西的南宁和桂林等。问卷调查虽然在地区分布上存在着个别边远地区人数偏少的缺陷，但是从总体上看，还是具有一定的代表性。

受访者来自 102 个大中小城市和 191 个地区、专区和县（有些地区、专区和县现在已经建市或成为城市的一个区，本书按当时的划分）。本次调查涉及的城市和农村地区和县的实际数字，可能超过以上统计的数字，因为受访者中有 209 人没有注明具体的城市、地区、专区或县。

　　受访者中年龄最大的出生于 1916 年（年龄较大者估计多半由
其子女或朋友代为填写），最小的出生于 1954 年。至 2024 年，年
龄最大者超过 100 岁，最小的也有 70 岁。他们在文革开始时，分
别是 50 岁和 12 岁。受访者年龄分布如下：

表 10.2. 问卷调查受访者出生年份分布

出生年份	受访者人数
1916—1920	10
1921—1925	20
1926—1930	31
1931—1935	66
1936—1940	105
1941—1944	154
1945	97
1946	119
1947	97
1948	92
1949	118
1950	150
1951	125
1952	121
1953	113
1954	87
合计	1,505

注：有 181 人出生年份不明。

　　问卷表中询问受访者参加的群众组织属于社会上的哪一个大
派。问卷调查对该问题采用开放式回答，回答中不乏一些较著名的
群众组织。

10.3. 参加群众组织的比例

　　在 1,686 名有效受访者中，参加群众组织的情况可以用下表来
总结：

表 10.3. 受访者参加群众组织的情况

类别	参加组织的情况	人数	百分比
1	未参加过任何群众组织	712	42.2%
2	文革初期参加过保守组织，后来未参加群众组织	82	4.9%
3	文革初期未参加过保守组织，后来参加群众组织	773	45.9%
4	文革初期参加过保守组织，后来又参加群众组织	119	7.1%
	合计	1,686	100.0%

　　由于本章的研究重点是民众参加文革群众组织的情况，我们并不区分受访者参加的是保守派组织还是造反派组织。因此表 9.3 中第二、三、四类的受访者，均视为参加过群众组织（974 人）。只有第一类 712 人（占总数的 42%）从未参加过群众组织。换言之，约有 58% 的受访者在文革中参加过群众组织。

表 10.4. 受访者的家庭出身与参加群众组织的情况

家庭出身	未参加群众组织	参加群众组织	人数（占总数%）
革军革干	77（27.3%）	205（72.7%）	282
工人农民	221（45.8%）	262（54.2%）	483
灰五类	201（39.4%）	309（60.6%）	510
黑五类	182（55.7%）	145（44.3%）	327
合计	681	921	1,602[①]

　　上表显示，尽管同属红五类，革军革干子弟参加群众组织的积极性比工农子弟高得多（73% vs 54%）。黑五类出身的受访者参加群众组织的比例最低（只有 44%）。值得注意的是灰五类出身的受访者，他们参加组织的比例（61%）高于工农子弟，仅次于革军革干子弟。不同的家庭出身之间参与比例的差异，在统计学上有显著差别。

[①] 受访者中有 84 人未填写家庭出身。

97

第11章 社会冲突说和政治过程说的缺陷

11.1. 保守派与造反派对峙省份的情况

　　Walder（2009）在研究北京红卫兵的分裂时，承认社会分裂只适合文革初期，即保守派与造反派对峙时期。徐友渔（1999b）认为，红卫兵的派别对立首先有保守派和造反派的斗争。保守派失败后，造反派内有温和派和激进派的严重对立。大武斗往往发生在造反派内部，派性斗争长久不能解决。印红标（1997）在分析北京红卫兵派别时指出，在红卫兵运动的派别分歧中，具有政治和社会意义的主要流派有四个：老红卫兵、保守派、造反派和极左派。在四个主要政治流派中，老红卫兵和造反派先后充当红卫兵运动的主导流派，先后成为运动中的主要派别。向前（2012）则认为，在北京之外的很多省市，保守派和造反派才是红卫兵组织的主要派别。社会分裂不仅存在于文革初期，而且始终存在于整个文革时期。只是由于各省运动发展的轨迹不同，社会分裂被掩盖。

　　我们对文革中始终存在保守派与造反派对峙的九个省（见表9.3.）的受访者进行分析。在这些省，凡是能够明确回答参加的群众组织属于保守派或者激进派的受访者加以保留，共有89人符合以上条件[①]。以下是他们的家庭出身与派别的关系：

表11.1. 保守派与造反派对峙省的家庭出身与派别的关系

派别	家庭出身				合计
	革军革干	工农	灰五类	黑五类	
保守派	8（57.1%）	7（25.0%）	1（3.7%）	3（15.0%）	19
激进派	6（42.9%）	21（75.0%）	26（96.3%）	17（85.0%）	70
合计	14	28	27	23	89

[①] 有67人或因家庭出身不明，或因派别不明，不在此分析中，我们在附录12中进行说明。

98

上表显示，超过半数的革军革干子弟参加保守派，其他子弟参加保守派的比例最高才四分之一，灰五类参加激进派的人数高达96%以上。家庭出身与派别选择的关系有显著差别（x^2 P 值=0.0009）。由于数据量较小，还采用费雪尔的精确检验法（Fisher's Exact Test, P 值<0.0001），说明家庭出身与派别之间关系纯属偶然的可能小于 0.0001（即小于万分之一）。如上表所示，多数革军革干出身的受访者参加保守派，远高于其他出身的受访者，工农、灰五类和黑五类子弟大多参加激进派。可以说，在阶级性派别斗争的省中，家庭出身在"阶级性派别"的抉择中起到明显的作用。以上结果支持"社会冲突说"的观点。

11.2. 造反派内斗省份的情况

在保守派与激进造反派对峙的省里，家庭出身与派别的选择存着明显的关系；但在造反派分裂对垒的省份，情况却有所不同。在问卷调查中，我们选取造反派对峙省份的受访者。有 417 位受访者能够确定他们参加的是激进派还是温和派[1]。以下是受访者的家庭出身与宗派性派别的关系：

表 11.2. 分裂的造反派对峙省的家庭出身与派别关系

派别	革军革干	工农	灰五类	黑五类	合计
激进派	43（65.2%）	56（57.1%）	119（65.4%）	51（71.8%）	2469
温和派	23（34.9%）	42（42.9%）	63（34.6%）	20（28.2%）	148
合计	66	98	182	70	417

如上表所示，工农出身的受访者参加激进派，比革军革干、灰五类和黑五类子弟稍少一些。但是，各类家庭出身的受访者参加激进派与温和派的比例相差并不大（x^2 P 值=0.2553）。从统计学的角度看，各类出身之间的差异并不显著，这就印证"政治过程说"

---

[1] 激进派包括来自造反派"一家天下"的省份。有 401 人或因未填写家庭出身，或派别不明不在以上分析之中，请参见附录 12 的说明。

的观点。自身的社会地位和阶级属性与派别（此处是"宗派性派别"），没有明显的因果关系。因此，宗派性派别的选择与其说是与受访者的家庭出身有关，不如说与运动的走向及过程更有关联。正如何蜀（2005）指出的，到夺权时，群众组织中文革初期的"革"与"保"、"造反"与"保守"的区分，实际上已经不复存在。此时两大派群众组织的性质，已经不能再以文革初期的"革"与"保"、"造反"与"保守"的概念来简单区分。

从以上的分析结果，我们可以有把握地预测，如果未来有研究者对保守派与造反派对峙的九个省进行研究，一定会发现家庭出身与派别选择之间存在相关关系，其中广州（Chan et al., 1980）已经被证实。但是如果研究其他 16 个造反派内斗的省和三个造反派一派独大的省的话，一定会发现家庭出身与派别选择之间没有关系，或关系甚微，其中北京（Andreas，2002；Walder，2006，2009）、上海（Perry and Li，1997）、江苏（Dong and Walder，2001，2011；董国强，2012）和浙江（Forster，1990）已经被证实。以下是我们的预测：

表 11.3. 两种理论各自适合的省

	适合的理论	
	社会冲突说	政治过程说
省	广东、广西、甘肃、河南、吉林、江西、宁夏、新疆、西藏、（河北保定）	上海、内蒙、青海、安徽、北京、福建、贵州、湖北、黑龙江、湖南、江苏、辽宁、四川、山东、山西、陕西、天津、云南、浙江、（河北石家庄）

第 12 章 民众参加组织的动机

前面的章节分析受访者参加群众组织的情况，接下来的问题是，受访者为什么参加群众组织，他们的动机是什么，是什么原因促使他们投入到文革的群众运动中去？这一分析需要通过那些参加过群众组织的受访者。在问卷调查中，符合这一条件的有 974 位受访者。以下是几个原因与家庭出身关系的情况。因有 53 人未填写家庭出身，因此下表的总人数为 921 人。

表 12.1. 受访者参加群众组织的原因与家庭出身关系

变量	原因		革军革干 （205）	工农 （262）	灰五类 （309）	黑五类 （145）	x^2 P 值
Y1	响应毛 的号召	是	76.1	67.9%	61.5%	42.8%	<0.0001
		否	23.9%	32.1%	38.5%	57.2%	
Y2	争取改 变处境①	是	6.3%	11.1%	19.1%	33.8%	<0.0001
		否	93.7%	88.9%	80.9%	66.2%	
Y3	对当权 派不满	是	4.4%	13.0%	11.7%	16.6%	0.0021
		否	95.6%	87.0%	88.3%	83.4%	

注：括号内是人数，下同

问卷调查在关于参加群众组织问题上采用多项选择，受访者可以同时选择多个原因。上表显示，革军革干子弟参加群众组织的主要原因是响应毛的号召。在这一原因上，按照革军革干、工农、灰五类、黑五类出身顺序，呈现依次递减的关系：76%、68%、62%、43%。

但是在争取改善处境（Y2），对当权派不满（Y3）问题上，则呈现反向的递增关系。争取改善处境（Y2）的比例分别是：6%、11%、19%、34%。对当权派不满（Y3），则依次为 4%、13%、12%、17%。统计检验结果拒绝以下变量的零假设：响应毛的号召

---

① 只有为数不多的受访者出于经济利益。

（Y1），争取改善处境（Y2），对当权派不满（Y3）。换言之，在这三个原因方面，家庭出身之间的差别是显著的（P值均小于0.01，有的甚至小于0.0001）。

我们对上述的三个原因，分别用对数回归模型进行分析（关于对数回归模型的解释请参见附录13）。在分析模型中，因变量分别是三个原因，自变量是家庭出身、本人政治面貌、性别和职业[①]。

表12.2. 参加组织原因的对数回归模型分析（Y1）

	自变量	比值比 OR	x^2 P 值
（女）	男	1.169	0.3546
（学生）	工人/科员	0.607	0.0151
	其他	0.770	0.1254
（黑五类家庭）	革军革干家庭	3.675	<0.0001
	工农家庭	2.747	<0.0001
	灰五类家庭	1.913	0.0086
（中等类）	红类	1.447	0.0209
	黑类	0.970	0.9255

注：括号中为参考类。

OR（Odds Ratio）常译为比值比（也译为优势比）。这是描述概率的另一种方式，告诉我们相对于参考类，某种推测的概率比其反向推测的概率大多少（更详细的解释请参见附录13）。简单地说，如果比值比大于1.0则表示概率大，超过1越多概率越大。比值比小于1.0则表示概率小，越接近零表示概率越小。例如上表显示，男性是1.169，就是说，相对于女性，男性因响应毛的号召参加运动的概率要稍高些。

关于性别，只有两种情况：男性或女性。我们在计算中把女性作为参考类，比值比计算比较方便和直观。但是在许多情况下，一个变量会有两个以上的类别。如政治面貌有三类人：红类、中等类

[①] 职业分为三类，（1）学生；（2）工人/科员；（3）其他。科员包括办公室人员，教师等。因为有受访者未填写性别、家庭出身和/或本人政治面貌，所以分析模型实际人数略低于参加群从组织总人数为901。

和黑类。通常的做法是选择其中的一类作为参考类，与其他类进行
逐个比较。

对于响应毛泽东的号召（Y1），家庭出身的影响依次为：革命
家庭、工农家庭、灰五类家庭和黑五类家庭。与黑五类家庭相比，
来自革命家庭、工农家庭和灰五类家庭的受访者参与群众组织的概
率分别增加 267.5%、274.7% 和 91.3%。

相对于中间类政治身分，红类受访者更有可能加入群众组织
（OR=1.447），即因响应毛泽东的号召而参与群众组织的概率增加
44.7%。工人和科员的概率却明显低于学生（OR=0.607）。以下是
因试图改变处境（Y2）的模型结果：

表 12.3. 参加组织原因的对数回归模型分析（Y2）

	自变量	OR	x^2 P 值
（女）	男	1.725	0.0295
（其他）	学生	0.932	0.8109
	工人/科员	1.943	0.0443
（革军革干家庭）	工农家庭	1.487	0.2656
	灰五类家庭	3.184	0.0004
	黑五类家庭	5.421	<0.0001
（红类）	中间类	1.069	0.7511
	黑类	1.538	0.2436

在因试图改善社会地位而参加群众组织方面（Y2），来自工农、
灰五类和黑五类家庭的受访者比来自革命家庭的受访者表现出更高
的参与意愿（OR 分别是 1.487、3.184 和 5.421）。这表明，来自
灰五类和黑五类家庭的受访者更渴望利用文革来提升自身的社会地
位。男性也比女性表现出更强的提升社会地位而加入群众组织
（OR=1.725）。以下是对当权派不满（Y3）的分析结果：

表 12.4. 参加组织原因的对数回归模型分析（Y3）

	自变量	OR	x^2 P 值
（女）	男	1.386	0.2451

自变量		OR	x^2P 值
（其他）	学生	0.691	0.2630
	工人/科员	2.374	0.0140
（革军革干家庭）	工农家庭	2.368	0.0305
	灰五类家庭	2.539	0.0169
	黑五类家庭	4.123	0.0015
（红类）	中间类	1.313	0.2558
	黑类	0.583	0.2766

与来自革命家庭的受访者相比，其他家庭的受访者更有可能因为对中共干部的不满而加入群众组织（工农家庭、灰五类家庭和黑五类家庭的 OR 值分别为 2.368、2.539 和 4.123）。这一发现部分证实以下观点：他们的父母则成为文革的打击目标时，来自革命家庭的人会成为其父母的捍卫者，他们对走资派的不满情绪较少。由于学生年龄较小，且未受到当局的压力，他们对当权者的不满情绪也较少。

归纳起来，因对争取改善自身处境和/或当权派不满参加群众组织，相对于革军革干出身的受访者来说，工农子弟、灰五类子弟和黑五类子弟的比值比呈现依次递增。这说明，民众参加群众运动，除了响应毛的号召外，另有原因。这些原因与个人的家庭出身、政治面貌、性别和职业有着密切的关系。忽略这一情况，我们就不能正确地理解文革的造反运动。

从对民众参加群众组织的原因的分析，可以窥见当时中国社会的一斑。在响应毛的号召方面，革军革干子弟尤其多，工农子弟、灰五类子弟和黑五类子弟依次递减。在争取改变处境和/或不满当权派方面，却是朝相反方向依次递增。这看似不同，实质上却是一回事，即都与自身的处境有关。作为红五类子弟，特别是革军革干子弟，是共产主义事业的当然接班人。他们只要听从党和毛的号召，前途是有保障的。通过历来的运动，人们明白这是铁定的规律。所以响应毛的号召只是表面的原因，实际上与红五类的前途密切相关。当然，是否响应毛和党的号召，也与灰五类、黑五类的前途命运相关。如果他们胆敢与党和毛唱反调，下场是可想而知的。

所以这些人也需要打着响应毛的号召的旗号，或主动或被动地顺应当时的潮流。民众的心里是清楚的，他们不能在文革中被历史的列车甩出车外。

对于争取改变处境的动机，红五类子弟可能不屑一顾。也许他们会认为，出于这样的动机参加群众组织未免太自私。但是对于非红五类子弟来说，这是非常实际的目的。文革前的 17 年里，中共执行的阶级路线把灰五类和黑五类划为二等公民。他们在升学、就业、提干、事业发展和生活等各方面受尽歧视。文革的发动，使他们看到从未有的机会。他们带着这一目的积极投入文革，希望能在文革中打个翻身仗。红卫兵第二号领袖蒯大富的"三十六条权经"，最后一条道出造反群众当时的心态："得到政权后就得运用，而且不容得稍稍犹豫，正是'一朝权在手，便把令来行'（蒯大富，2014）。"

所以，响应毛的号召是红五类子弟的一种积极防守性的心态和举动，目标是保住他们已有的特权和益处。争取改变处境，则是灰五类和黑五类子弟的一种积极进攻型的心态与举动，旨在争取获得自己以前没有的权力和益处。两种心态与举动从不同侧面展现相同的动机，殊途同归。

从受访者对这两个问题的回答，可以看到当时的中国分裂成为两大阵营：红色阵营和非红色阵营。在红色阵营里，有革军革干子弟、工农子弟、党团员积极分子以及中共的各级干部等。在非红阵营中，有黑五类子弟、灰五类子弟和本人是黑五类或灰五类的人们，以及被淘汰下来的原来属于红色阵营中的少数人们。

即使在同一阵营里，还有更细化的分层（Strata）。红色阵营中，还可细分为革军革干子弟、中共的干部、党团积极分子、工农子弟等不同的阶层。在非红阵营中，最为底层的是本人属于黑五类的人们，其次是黑五类子弟，再其次是灰五类等阶层。社会阶层（或社会分层，Social Stratification）是社会学的一个概念。它指的是一种依照不同的社会政治和经济状况，将人们区分为不同群体的分类方式。它牵涉一系列关系性的社会不平等，包括经济、社会、政治和意识形态等方面。

文革前和文革中的中国不仅以阶级划线，还存在着不同的阶层。社会阶层的归属，在很大程度上决定人们在文革中的思想和行为。如前所示，越是处于底层的人们，越具有改变自身处境的愿望。处在上层的人们，则力图保住已有的地位和特权。在文革初期，革军革干子弟把斗争的对象锁定在黑五类，正是一种力保已有地位的表现。当这些人的爹妈被打成走资派成为革命的对象以后，他们力图反抗，不再听从毛的号召，转而成为保爹保妈派。当他们的努力失败后，许多人成为逍遥派。

处在下层和底层的民众，将斗争的矛头对准他们往日所憎恨而又惧怕的走资派，美其名曰批判走资本主义道路的当权派。他们的目的非常清楚，希望通过文革打倒过去整肃过自己的当权派，夺取他们手中的权力，从而改变自己二等公民的处境。在憎恨当权派方面，相对于红五类子弟，工农子弟、灰五类子弟和黑五类子弟依次递增，足见黑五类子弟对当权派的痛恨程度。

总之，无论民众参加的是哪个派别，都是为了改变自身的处境而战，或者为了保持自身的处境而争。当今的中国，仍被这一阶级矛盾困扰。当年的保守派与造反派，直至今日在政治诉求上完全对立，没有共同语言。经过半个世纪，当年的两派仍然没有相同的理念和价值观。保守派的多数人还在怀念毛时代，仍然赞同共产专制。

结语

文革的发动至今已经有 60 年。经历文革的一代人大多进入垂暮之年。由于中共采取"不纠缠历史旧账,一切向前看"的政策,许多真相将随着我们这代人的逝去而消失。仅仅经过短短的几十年,我们的后代已经不知道 60 年前中国大地上到底发生了什么样的灾难。不敢面对历史的民族,是一个没有希望的民族。一个人、一个民族犯错误不要紧,千万不能不汲取教训,一而再,再而三地犯错误。但愿本书能为我们这个民族直视犯过的错误,让后代从错误中汲取教训,作一点贡献。

文革暴力一直为人们注视。个人或组织诉诸暴力的目的主要是为了保持权力以便保护自身的利益(Straus,2012)。老红卫兵打人、对"黑五类"政治贱民的暴力、以及后来派别间的武斗无一不是为了争夺或保持权力,保护自身的利益(Hinton,1984)。

按照暴力的方向,暴力可以分为两种:一种是对冲击、批判、专政对象的单方面施暴,另一种是派别组织间的相互(双向)暴力。而单向暴力贯穿十年文革。文革初期老红卫兵对社会的暴力,1967至 1968 年间群众专政对黑五类的暴力,革委会成立后几次党的运动对所谓坏人的暴力都是单向暴力(阿陀,2013),受害者大多是无故的百姓。

暴力也可以分为垂直暴力和平行暴力。垂直暴力指的是一个集团对另一集团的控制,可以是自上而下压制或防止被统治者的反抗,也可以是自下而上用武力改变不公平的统治。平行暴力指的是两个平等的集团因争夺经济或政治的资源而产生的抗争(Harrell,1990)。文革中后期的多次党的运动属于垂直暴力,是统治阶级对"黑五类"和所谓坏人的镇压。文革中派别之间的冲突则属于平行暴力。

有学者(如关向光,2006;徐贲,2004)根据 Anne Norton[①]的分析模式对文革中的暴力进行分析,提出文革的暴力可以分为非建

[①] 安・诺顿,美国政治学和比较文学教授,现为宾夕法尼亚大学政治学系主任。

制性群体暴力和建制性群体暴力[①]。"建制性"指的是暴力行为在现行的法律秩序内被允许存在。建制性群体暴力的典型表现是战争。非建制性群体暴力在民主国家是不允许存在的，只会发生在专制国家里。文革造反运动中的暴力（如老红卫兵的暴力，派别间的武斗等）属于非建制性群体暴力。非建制性群体暴力与国家机关暴力之间的关系错综复杂。1966年夏老红卫兵的暴力属于非建制性群体暴力，是反体制、游离于现行法律秩序之外的群体暴力，但是它又同时有着诸多建制性群体暴力渗透的特征（张晨晨，2008）。

暴力又分为直接暴力、结构性暴力和文化暴力三种形式。直接暴力的形式（如杀戮、残害、肉体折磨等以及与此有关的监禁、管制、奴役）是最赤裸裸、最野蛮的形式。结构性暴力通过现代社会的政治、社会和经济体制起作用，并不需要直接针对肉体，表现为剥削、渗透、分裂和排斥。目的只有一个，就是实现压迫。剥削采用经济手段，使受害者在经济上受损。渗透使用的是思想控制手段，使统治者占据中心位置，受害者处于从属地位。分裂用的是政治手段，把受害者分而治之。排斥用的是社会手段，使受害者处于社会边缘地位。文化暴力则采用确立文化的方法使统治者的地位合法化，巩固其统治地位，为直接暴力和结构性暴力辩护（徐贲，2004）。

对文革暴力分析最多的是暴力的根源和原因。中国人历来讲"君子动口不动手"，为什么文革中的中国人不仅动口还大打出手呢？首先，文革中的暴力有其源远流长的历史原因和文化原因。儒家的"天命观"指上天所主宰的命运。朝代的兴衰、君主的更替都是上天的命令，不是人类所能控制的。这种观念与欧洲的王权天授不同。在中国的历史中，无论谁夺得皇位都可以获得儒家"天命观"的认可，正像中国的俗语说的，"成者王、败者寇"。该词在中国常用来解释新政权的合法性。从陈胜、吴广到孙中山、毛泽东都是使用暴力进行反抗的（Perry，2001）。部落家族间的械斗（Lamley，1990），民族之间的血腥冲突（Lipman，1990），党的历次运动中的残酷斗争（White，1989）（如延安整风，四清[阿陀，2013]）都

[①] 非建制性群体（Informal collective，也译为形式性群体、集体），建制性群体（Formal collective，也译为形式性群体、集体）。

是文革暴力的前奏。中国的古典文学也充斥着暴力（如《西游记》[Brandauer，1990]）。

其次，仇恨是暴力的重要原因（Straus，2012）。长期的革命传统教育、阶级斗争教育和反修防修教育使民众的价值观、审美观、思维方式日益扭曲畸形。毛的斗争哲学深入人心，爱与仇的最终界限是以阶级划线（何蜀，2007）。红卫兵是在一种野蛮的制度和教育之下长大，它崇尚暴力、培养仇恨、鼓励残忍、纵容无情，教给孩子们一种从娘胎里带出来的不拿人当人的残暴凶狠。正如刘晓波（2001）所说，这是一个视生命如草芥的时代。"狼奶"教育使得文革中的红卫兵在打、杀阶级敌人时毫不手软也没有罪恶感（关向光，2006）。文革也是相互报复（Madsen，1990；丁学良，2013）。仇恨教育完全是政治精英们出于经济或政治的原因玩弄的阴谋，目的是通过编造面临的威胁操控民众（Parikh and Cameron，2000）。

第三，文革的暴力还源于人性和母爱的缺失。人性论和人道主义被当成资产阶级和修正主义思想，母爱、温情、怜悯被视为革命意志的腐蚀剂。人与人之间关系以阶级划线，要么是同志要么是敌人（徐友渔，1999）。教育界甚至出现过对母爱教育的批判。文革前，南京师范学院附小教师斯霞精心培育学生，以"爱心"爱"童心"。有文章介绍她的事迹，并提出儿童不仅需要老师的爱，还需要母爱。然而教育界却掀起一场对"母爱教育"的批判，认为所谓的"母爱教育"是资产阶级的"爱的教育"，爱的教育没有阶级性，失去无产阶级方向。结果把普遍存在的人性爱的教育扭曲为憎恨教育，漠视人与人之间的爱，漠视师生之间的爱（李辉，2003）。

第四，文革发生暴力更重要的原因是得到政府的默许。毛在八届十一中全会结束后举行的中央领导人的工作会议上说，"北京太文明了！"公开纵容和支持红卫兵的暴力（麦克法夸尔、沈迈克，2008）。"红八月"中老红卫兵任意对市民进行抄家和杀戮不但没有被政府阻止，相反还得到公安局的大力支持。公安部长谢富治公开要求公安干警不要阻拦红卫兵，还要为红卫兵当参谋、提供情报（宋永毅，2002）。王金被打死后，南京市公安局派出警察去进行调查。警察和凶手们握手言欢，并且看了打人行凶的器械。警察向凶手们传授多长的鞭子打人最合手，还夸奖其中的一位凶手的鞭子编得好。所谓的调查体现出当局对凶手的纵容和宽恕。文革期间，广东、广西和湖北三省发生大规模的集体屠杀事件。施害者是地方官员及其追随者，具有明显的政治性质。国家是集体屠杀的宣导者，至少对集体屠杀起了推波助澜的作用。悲剧的根源在于国家鼓励和国家权力失灵（苏阳，2006）。也有学者认为，政府的政策不明确性和双重标准是导致民众思想混乱出现暴力的原因（Lu Xiuyuan，1994）。

以上几点原因均为宏观因素，微观层面的个人因素也不可忽略。文革中并不是每个中国人都参加了暴力。是否进行暴力行为取决于个人。年轻人较之年纪大的人来说更易于介入暴力（Thurston，1990）。有的人把文革暴力归咎于人类天生的攻击性和从众性，西方学者持人类有攻击天性观点的还不少，（如诺贝尔奖获得者Lorenz，1974），但是这一说法却无法解释为什么中国人在文革中出现大规模暴力现象（White，1989）。

关于文革中出现的暴力，施害者应该怎样面对过去的错误，他们是否应该道歉和忏悔，这一问题存在争论。余杰认为像余秋雨这样的名人应该为文革中的所做所为而忏悔。也有人认为忏悔是个人的事，如果谁觉得需要，可以像教徒那样在密室里去忏悔（于坚，2000）。而更多的人则认为，忏悔是必要的。不仅是名人，凡是做过坏事的人都应该忏悔。成千上万的文革中曾伤害过他人的人都应该反躬自省，有所表示。忏悔说到底是为了过失者自己，虽然不能抵消过失，但是可以使人的道义立场发生转变（徐友渔，2000）。

北京外国语学校有八位同学在 44 年后写信向他们的老师道歉，忏悔当年参与暴力迫害的行为。从他们的忏悔和道歉可以看出，犯错不大的人压力轻一些，容易忏悔和道歉（王友琴，2010）。陈毅之子陈小鲁的公开道歉和及时跟进的宋彬彬道歉又一次引发争论。陈小鲁是文革中干过坏事的干部子女中第一个道歉者。他的道歉受到普遍的欢迎，虽然仍有人认为还有不完备之处，不能洗清西纠的罪恶（杜钧福。2014）。但是宋的道歉却遭遇冰火两重天的反应。有人称之为"宋之一小步，中国一大步"（启之，2014），但也有人对她的道歉进行谴责，主要的原因是她的道歉重心落在澄清和辩解上。人们对其道歉的真诚性表示怀疑，从而不接受甚至责难她的道歉（徐友渔，2014）。

令人遗憾的是，绝大多数的施害者，特别是文革初期老红卫兵，对于他们所犯下的罪行毫无忏悔之意。他们的借口是，"当年响应毛的号召"。言下之意，他们只是遵从上面的旨意，责不在己。不得不承认，这样的想法是有理论依据的。亿万群众卷入文革的原因是，出于对中共和毛的信赖，中共长期以来左倾思想对干部和民众的广泛影响，政治思想的强大压力，运动中民众被迫作出抉择，林彪、四人帮蛊惑挑唆，煽动一些不明真相的群众。简言之，民众参与文革是盲从、不明真相，是"疯子"、是"傻子"。而疯子和傻子是无需担负法律责任的。这是在"乌合之众论"的理论框架下，民众作为个人的角色和责任。

本书前面的章节指出，"乌合之众论"已经被理论界摈弃，取而代之的是理性选择论。换言之，民众在文革中是有清醒的，是有政治诉求的，这也通过问卷调查得到证实。响应毛的号召是红五类子弟积极防守性的心态和举动，目标是保住他们已有的特权和益处。而争取改变处境，则是灰五类和黑五类子弟积极进攻型的心态与举动，旨在争取获得自己以前没有的权力和益处。

促使文革中的施害者，特别是老红卫兵，以及文革的参与者反思，需要批判"乌合之众论"，清除其影响，使民众认识到：作为个人，施害者负有不容推卸的责任。

对陈小鲁和宋彬彬道歉的不同反应折射出中国社会的分裂状况，文革之恶未得到清算，大量的红二代、官二代独占资源、独享特权，社会仇富仇官心理盛行，尤其是改革以来官权独大，腐败蔓延。而中共几十年来的政策造成真相掩蔽，是非不清，文革遗留问题无法得到公正的处理。中国的年轻人需要从外国学者那里才能够知道文革中发生的事实真相。

清算文革的罪恶，搞清文革真相，认真反思文革的错误，任重而道远。历史留给我们的时间不多了。

附录1. 南京市玄武区建筑公司第三工程队的揭发材料

省市委罪责难逃

革命造反派战友们，同志们：你们好！

毛主席教导我们说："人民靠我们去组织。中国的反动分子，靠我们组织起人民去把他打倒。凡是反动的东西，你不打，他就不倒。这也和扫地一样，扫帚不到，灰尘照例不会自己跑掉。"

我们现在向大家愤怒揭发控诉旧省市委顽固地执行资产阶级反动路线的滔天罪行，他们一手炮制了王金事件，罪责难逃。

王金是我队普通的灰砂工，他为什么惨死一小撮红卫兵败类的手下呢？为什么会惨死在皮鞭、木棍、铅丝鞭之下呢？又为什么会遍体鳞伤使人目不忍睹的惨死呢？这是旧江苏省委、南京市委、江渭清之流所顽固执行和最忠实地推行资产阶级反动路线的结果。是为了达到不可告人的目的所一手泡制成的，旧江苏省委、南京市委江渭清之流，你们的罪责难逃。凶手也难逃法网！

当王金事件一发生以后，他们就立即派兵遣将，采取高压手段，从政治上和经济上来迫害伸张正义的革命群众，来迫害真正的捍卫毛泽东思想，捍卫十六条的革命造反派的同志。

从9月份30日开始，你们通宵达旦地围攻我队工人同志，调动大批的公安人员日夜徘徊在我队门口，日夜盯梢我队的革命同志，你们大搞黑材料，大开黑名单，你们记下到市委造你们反的全部人员的名单，从中特别整理几个人的黑材料，你们妄想立即整革命造反派同志，如我队许来宝同志。你们想用许来宝一些说不出明堂的所谓"罪名"来立即处理他，但是你们自己也不好意思拿出来，因为你们这些所谓宝贵的材料拿不到桌面上来，你们是枉费心机。你们还动用市公安局来调查参加"九.二八调查团"成员的黑材料！在这段时间里不管我队开什么会，你们都派我公司的人保干事来，如去年10月11日我们开会时，我公司的人保干事刘某也光临，当我队工人谈到有关王金问题时，意见与你们口味不合，这位刘干事就当场记下我队工人赵荣先及朱某等人的名字！不仅如此，你们还召开什么座谈会，从去年 10 月 4 日至 6 日短短三天内就连续召开四次会，而每次的会议时间都相当长，你们企图用开会来拖垮和分散我们的力量，在会上，你们软硬兼施，耍各种手法，在 10 月 6 日下午的会议上王楚滨这个混蛋东西用要挟的口气说："今后如果谁要想把事情扩大，我们不会饶过他的。"好硬的口气，可是你吓不倒用毛泽东思想武装起来的工人阶级，老实告诉你们，我们坚决造你们的反，把你们彻底地斗垮斗臭斗倒。你们还叫我队前任指导员胡云钦扯谎，说带走王金的介绍信，什么遗失了，找不到啦等等谎言，来欺骗我队的革命同志，你们以为尸体已经火化，介绍信也没有，这样就找不到根据，咳咳！你们这些贵族老爷如意算盘打得倒不错，其实呢？搬起石头打自己的脚。

不仅如此，你们还开动一切你们可以开动的宣传机器歪曲事实，造谣言来围攻我们。而且平时难得见到的许家屯、刘中、郑康等几位上大人先生这次都到处游说，说什么这是人民内部矛盾啦，什么大方向始终是正确的啦……真是奇文少见。

你们煽动全市各单位的同志，来写大字报围攻我们及其他革命造反派同志，你们所定调子的大字报满天飞，连厕所里都有，难道你们忘了吗？难道这样就能达到你们的目的吗？一千个不能，一万个不能！

你们不仅从政治上迫害，而且从经济上扼杀。

我们工人坚决要写大字报，印传单，而你们指示我队领导不给经费。而合你们口味的传单却大给特给经费，例如我队的极少数人所写的传单，第一份传单是经过市委秘书长洪百川及张海萍精心修改后，由你们送去印刷。而我们要印传单都不给经费，同志们，请你们想一想，这说明什么呢？仅从这里，我们就可以看出旧省市委的一小撮混蛋的丑恶面目。

除了不给经费，而且还扣发我队参加调查王金事件同志的工资。还两次以工资问题为借口来挑动群众斗群众，企图扼杀我队的群众革命运动，可是不管你们耍什么样的花招，打什么如意算盘，你们的阴谋是不会得逞的，你们总会原形毕露。

　　对于王金家属问题，你们是金钱收买，你们连夜把王金家属搬家，搬得不知所向，高庆华，这难道不是你们所干的吗？你们还想抵赖吗？

　　贵族老爷们，你们听着，不管你们耍什么样的花招，凡压制群众运动的都没有好下场！王金事件必须彻底澄清！不获全胜，决不收兵！

　　我们不是孤立的，我们有伟大的毛主席领导，我们有广大革命造反派支持，"九.二八调查团"的成立，完全可以说明。在这里请允许我代表要建大队革命同志向支援我们，以及参加调查团服务的同志表示最衷心的敬意。

　　"九.二八调查团"成立到现在取得一定的成绩，进入一个新的阶段，我们坚信胜利一定属于他们。目前，有一小撮人，别有用心地恶意攻击调查团。这是形形色色的资产阶级反动路线新反扑的一种表现，是一股逆流。在这里我们有义务提醒一下，调查团是按毛泽东思想办事的，你们的造谣中伤无损于损调查团一根毫毛。

　　战友们，同志们，让我们在毛泽东思想光辉旗帜下联合起来，彻底粉碎资产阶级反动路线的新反扑，彻底打倒党内走资本主义道路的当权派！彻底澄清王金事件，扫除一切害人虫！

　　王金事件必须彻底澄清！

　　省市委罪责难逃！

　　革命无罪！造反有理！

　　打倒江渭清！

　　无产阶级专政万岁！

　　伟大的中国共产党万岁！

　　伟大的领袖毛主席万岁！万岁！万万岁！

南京市玄武区建筑公司第三工程队
毛泽东主义红色造反队

附录 2. 南京外国语学校部分师生揭发材料

省市委到底干了什么勾当

现在，我要在这里向你们揭发控诉省市委在王金事件上推行的资产阶级反动路线的滔天罪行。

我们认为，省市委在王金事件的发生和处理上都负有重大罪责，我校党支部也同样是王金事件的罪魁祸首。

去年 9 月，南京城刮起一股武斗风，一小部分"红卫兵"乱抓人打人。省市委对此情况无动于衷，甚至采取纵容的态度，这就是王金事件发生的背景。打死王金是省市委资产阶级反动路线的必然恶果，王金事件就是省市委和我校当权派一手造成的，他们是这次事件罪魁祸首！

9 月 28 日夜，我校以 XXX（第 1 号凶手）为首的部分"红卫兵"把工人王金抓来严刑拷打，当时的情况是十分严重的。当王金被打得很厉害的时候，我校有些教工和家属都上去劝阻，并到市委报告。市委接待站的老爷们慢吞吞地问了问情况，就把反映情况的同志像踢皮球一样推出去不管。后来又有人打电话到教育小组，派来两个人。他们来后看了看，嘻嘻哈哈地谈几句，什么有效措施也没有采取，就溜走了。市委联络员这天夜里一直在我校，对这件事也根本不重视。我校校长陈凤肖[①]，对这件事同样也不放在心上。这天晚上该她值班，她明知"红卫兵"抓了并审讯了王金，但她却怕负责任溜回家去了。最令人气愤的是，第二天早上很多人分头找校长兼书记陈凤肖和霍继光汇报情况，说王金已被打得很危险，要他们赶快到现场去看，而他们却只是不急不忙地找几个"红卫兵"开会。一直到 10 点钟，陈凤肖还安闲地啃着烧饼。实际上，如果当时采取紧急措施，勇敢地站出来捍卫十六条，王金是不会死的，因为早上 7 时有人向他们汇报时，王金还能说话，并要求喝水吃饭，但在这以后王金又挨打一顿。等到王金死了，他们才跑去看了看。从以

[①] 原文为陈风肖。

上情况可以看出，南京市委的老爷和我校的当权派，根本不把工人阶级的生命放在眼里，他们对党和人民犯下不可饶恕的罪恶，他们的罪责难逃！我们认为王金之死，省市委和我校的当权派应负主要责任，他们是这次事件的真正凶手，我们强烈要求严惩这帮混蛋！

王金死后，市委在着手处理这一事件中，采取极端对人民不负责的态度。他们不但不作认真的调查和严肃的处理，反而采取欺骗广大工人群众，压制我校革命师生澄清王金事件的阴谋手段。他们不让我们向全市人民说明事件的真相，煽动红卫兵对工人的不满情绪，挑动群众斗群众。

那时候，全市工人对我校少数"红卫兵"打死王金表示极大的愤慨，他们对这件事的处理非常关心。然而，市委对这些革命工人却采取特务活动，他们动用公安机关，派了约 200 名公安人员和市委的工作人员在我校转来转去，进行跟踪和盯梢。对于来我校的工人，他们一律要看工作证，要登记，以便他们开黑名单。最可耻的是他们有计划，有组织地破坏工人同志的大会。据说有一天晚上开会时，工人在气愤之下，准备去市委，这时市委派来的人煽动一些群众说带队的是政治扒手，并且在去市委的路上故意把毛主席像撕毁，结果乱了起来，大家回来抓了一个晚上"政治扒手"，市委没有去成。除此之外，市委还大量地整理工人的黑材料，准备秋后算账。市委每天都要派人来我校取回材料。这些情况充分说明市委不仅不严肃认真处理王金事件，反而把斗争的矛头指向广大革命群众，黑市委罪恶滔天，他们必须交出在王金事件上整工人的一切黑材料！

王金事件发生后，许多工人提出要求认真调查这一事件的发生和经过，惩办凶手，这完全是正当合理的要求，但市委不这样做。那时市委一方面不让我们在工人会上发言，吐露真情实况，美其名曰"不要和工人发生冲突"。不仅如此，王昭铨还亲自跑到我校讲："你们两派红卫兵要团结，不要感情用事，要一致对外，不能内讧，给别人打开缺口"。另一方面，他们又千方百计地毁灭罪证。他们派人偷走凶器，洗掉血迹，又把门关起来，用仿照工人口气写的假大字报把门封上，并且害怕天亮后不干，叫护士拿来热水袋烤干。市委为了逃脱罪责，把我校的一部分学生用汽车运到江宁县农村劳动，在农村向我们宣布几条纪律：不准暴露学校的名称和地址，只准说是下关一个民办中学。另外，写信不准写地址，由专人带回南京寄出等等。他们叫我们明目张胆地欺骗贫下中农，结果还是让农民知道了。我校的当权派在临撤走时嘱咐我们："不管别人怎么说，你们一口咬定是民办中学的，剩下的事我们会做工作"。我们认为，市委把我们都秘密地送到农村，尽管表面上是说不让我们和工人发生冲突，实际上完全是为了阻挠工人调查，这是一个空城计！"九.二八王金事件调查团"成立后，市委的一个同志对我们说："事情（指王金事件）看来不会很快结束，估计会有反复，工人还会闹"。最后市委决定让我们全部出去串联。看！市委的用心是何等恶毒！

另外王金事件发生后，市委和我校党支部不仅不对犯错误的红卫兵进行教育，反而挑动工人斗学生。我校当权派竟扬言说："到我们学校来的家伙没有好的，全是流氓、坏分子，真正的工人是不会来的。"公安局派来的人不对打死王金的"红卫兵"教育，而跟他们谈些什么样的鞭子好打人等等。起了纵容的作用，使这些"红卫兵"洋洋得意。

总之，省市委在王金事件的发生和处理上是彻头彻尾地推行一条又粗又黑又臭的资产阶级反动路线，对党和人民犯下滔天罪行。王金事件是我省我市一系列武斗流血事件的典型，我们必须彻底批判省市委的资产阶级反动路线，把无产阶级文化大革命进行到底！

南京外国语学校

附录3. 部分市委区委工作人员的揭发材料

彻底批判省市委在处理王金事件上所推行的资产阶级反动路线

革命造反派同志们：

我们坚决支持"九.二八调查团"对"王金事件"的调查。

我们是旧市委、区委做"王金事件"工作的部分人员，过去在对待"王金事件"的处理上，忠实地执行旧省、市委所规定的资产阶级反动路线，成了旧市委的工具和帮凶，犯了方向性、路线性错误。在这里，我们向毛主席、向全市人民请罪。在毛主席的谆谆教导和挽救下，在造反派同志的帮助下我们先后起来造反了，坚决与旧市委划清界限，坚决揭发，彻底批判旧市委在"王金事件"上所犯的罪行。

毁尸灭迹，为罪犯开脱

旧省、市委内一小撮走资本主义道路的当权派，和坚持资产阶级反动路线的顽固分子，他们官官相护，互相包庇。这种罪恶活动，从王金刚被打死时就开始了。外国语学校一小撮打死王金的人，都是高干子女，也是道道地地的杀人凶犯，他们几乎每人都备有打人凶器，他们打死王金的凶器就有：宽皮带、鞭子、塑胶鞭子、铅丝鞭子、木棍、铁棍等等。打的手段也是非常毒辣的，用鞭子沾水后狠抽，用皮带铜头狠打。现场上鲜血有的地方喷溅两公尺多高，关押王金的楼梯肚内血流满地。当时，张国义同志曾三次向旧市公安局党组请示，要求拍照作为罪证，雷绍典[①]这个混蛋就一直不同意。过了几天，地上的血被冲洗了，墙上的血用石灰水刷了，凶器也不知下落。当三社工人要看法医检验书时，原公安局副局长王忠这个坏蛋，亲自动手修改法医鉴定书，删掉大部分检验事实记录，去掉好几张反映遍体鳞伤的现场照片。在尸体处理上，旧市委派凶犯之

[①] 原文为雷典绍。

一的父亲杨X，到要武区去坐镇指挥，并多次电话催促[1]：赶快处理。这样，反革命修正主义分子高庆华，就指使人匆匆将尸体整容，偷偷通知家属，粗粗给家属看一眼，形式上征得家属的同意，就马上火化。旧省、市、区委这种焚尸灭迹，毁灭罪证，包庇凶手，为罪犯开脱罪责的罪行，不是十分清楚了吗？

大造舆论，镇压工人起来革命

揭发"王金事件"的大字报上街以后，全市群众义愤填膺，大字报贴满街头，不少单位还派代表到三社来声援、支持，社会上愤怒谴责的声音响彻南京城的每个角落。旧省、市委内一小撮混蛋慌了手脚，制定一条"不能只有一种舆论，一种大字报，而要有两种舆论、两种大字报"的方针。为了制造舆论，搞了个假调查组。这个调查组从成立到结束只有10分钟，从未做过调查工作，就写出了个"调查报告"。这个"调查报告"，就是旧市公安局的一份材料，给反革命修正主义分子彭冲看过后，彭冲这个混蛋认为："都写的是情况，没有政治内容。"事后，由狗头军师、狗特务洪百川等人坐在办公室内，去掉主要情节，加上"政治内容"，署上调查组名义，3日调查组成立，4日铅印的"调查报告"就印发出来。大家看一看，这种瞒天过海的手法，愚蠢到何种地步！

在三社，旧市、区委还以召开工人代表座谈会的方法进行压制，不仅坚持不同意工人代表提出的最起码的合理要求，反而利用这个会议，大肆宣传旧省、市委的观点，甚至阴谋借工人代表之口，将三社门口的大字报专栏、接待站撤走，将外语学校现场销掉，等等。在这些阴谋被揭穿以后，反革命修正主义分王楚滨就赤膊上阵，到工人代表会上，说什么："现在要提高警惕，谁要在这件事上捞一把，他也是跑不掉的！"明目张胆地镇压三社工人起来革命。

与此同时，旧省、市委内一小撮混蛋许家屯、刘中、王楚滨、郑康等人，纷纷出马，召开各基层头子会议，大肆宣传什么"打死王金的都是十三、四岁小孩"，什么打死王金的所谓"小将们"的"大方向始终是正确的"，什么是"在斗争中学会斗争，在游泳中

---

[1] 原文为摧促。

学会游泳"，什么"王金是个反动军官"，什么"归根到底，这是
人民内部矛盾问题"，等等。这统统是胡说八道。打死好人的大方
向也是正确的吗？凶手不是十三、四岁，而是十六、七岁，主犯
XXX（第 1 号凶手）就十八岁；王金历史上最高当过伪陆军医院二
阶佐理员，稍有常识的人就知道这是文职，不是反动军官。根据这
些混蛋所划的框框，定的调子，旧市委又搞了个"讲话材料"，发
至各基层单位，动员起各级党组织和干部，开动起他们所有的宣传
机器，从工厂到财贸，从文体到教育，从机关到居民群众，一无漏
处地大肆宣传这些混淆是非、颠倒黑白的鬼话。这样围攻革命群众
他们还感到不满足，10 月初，旧市委内一小撮混蛋，又动员各区、
各单位（包括三社）：利用有保守思想、同意旧省、市委观点的人，
大搞所谓"正面"大字报，一时，"正面"大字报纷纷出笼，贴满
街头巷尾，"正面"传单也满天飞舞，大有"黑云压城城欲摧"之
势。旧省、市委内一小撮混蛋镇压群众运动，达到十分猖狂、登峰
造极的地步，白色恐怖笼罩着南京城。毛主席教导我们，哪里有压
迫，哪里就有反抗。在这股恶势力的疯狂围攻和镇压下，"九.二
八调查团"同志和全市革命造反派同志，坚决执行毛主席无产阶级
革命路线，顽强地进行战斗，曾两次上北京，一次到华东，去控诉
上告，得到中央首长的关怀和支持，克服重重困难，取得今天的胜
利，终于将事实真相大白于全市、全省、全国革命群众面前，这是
毛泽东思想的伟大胜利，是毛主席无产阶级革命路线的伟大胜利！

对家属实行封锁、收买

旧省、市委内一小撮混蛋，一贯认为："家属不起来闹，事情
就好办。"因此，采取"加速处理，稳住一头"的方针。他们亲自
布置人民印刷厂领导，专门派出女工，24 小时地看守着家属，以安
慰、照顾为名，行看守、隔离之实；并指使办事处干部和居民干部，
注意家属周围情况，使家属不与任何人接触。在这种层层封锁、隔
绝的情况下，旧市委、区委内一小撮混蛋还感到不保险，反革命修
正主义分子高庆华，亲自通过区房管所，用两处房子换了靠人民印
刷厂附近的一所房子，在只有少数当事人知道的情况下，连夜偷偷

摸摸地将家属搬家。在抚恤上，对家属大搞经济主义，实行经济收买。经旧市委、区委决定，除3个月的安葬费外，还每月发给王金养母和养子生活费30元，养母到去世，养子到16周岁；由于旧市、区委将家属搬家，房租比原来每月高3块钱，也由公家补贴，补助到何时没有规定，家属还享受国营工厂的劳保待遇。所有这些，都大大超过集体所有制单位的抚恤标准，甚至超过国营企业和机关干部的抚恤待遇。这样加速处理的结果，也确实达到"稳住家属一头"的卑鄙目的。此外，反革命修正主义分子许家屯，还批准将王金妻子郭琴的妹妹、妹夫调来南京工作。为了蒙蔽群众，许家屯这个混蛋还耍了个花招，说要到运动结束以后才能调来。旧省、市委内一小撮混蛋，你们这种收买家属的罪行能抵赖得了吗？

以矛盾上交的手法，对抗中央

"九.二八调查团"成立以后，旧省、市委内一小撮混蛋更是恨之入骨，百般刁难，顽固地不承认调查团，妄图扼杀调查工作的进行。10月下旬，调查团赴京控告，使中央了解这一事件真相。旧省、市委内一小撮混蛋，竟胆敢对抗中央。国务院负责接待调查团的是副秘书长杨放之同志，他要旧省委派人到北京去谈判、处理，旧省委不派人去；要旧市委派人去，旧市委仅派我们两个区级机关干部去。我们一到北京，杨副秘书长就问：哪位是市文革小组的副组长？我们非常惊讶！说明我们是在要建三社①做"王金事件"工作的人员。旧省、市委内这批混蛋，就是用一般工作人员去敷衍搪塞，对抗中央。在北京期间，我们电话汇报，中央态度非常明朗，这一事件应该相信群众，一定要调查清楚。反革命修正义分子王楚滨在答复时，除了坚持不承认调查团的顽固态度外，还语气非常强硬地说："要调查，就叫国务院派人来参加，看看我们在这个问题处理上到底有什么鬼！？"以此要挟中央，以达到他们扼杀调查团的罪恶目的。在我们从北京回来的时候，国务院指示，要我们转告旧市委，在"调查团向打死人的学生调查时，市委要做好组织工作"，回来以后我们要向王楚滨这个混蛋汇报，他避而不见，最后

---

① 即玄武区建筑联社第三工程队。

我们通过几道手续，才转达这个指示，但3个多月来旧省市委一点组织工作也没有做。这不是明目张胆地对抗中央是什么？我们要质问旧省市委内一小撮走资本主义道路的当权派，江苏省和南京市的问题上交给中央的还少吗？我们在北京期间，就了解到经常在北京控告的就有几百起、几千人之多。你们处处妄图将矛盾上交给中央，以此来压中央，这是你们这些坚持资产阶级反动路线的顽固分子向中央的反扑，你们这种明目张胆地对抗中央的罪行一定要清算！

大搞黑材料，准备"秋后算账"

旧市委为了镇压群众起来革命，派出大批人马，通过各种管道去掌握情况，搜集反映。在要建三社就派去了解三队工人同志的反映、意见、情绪；了解有多少人参加"红色造反队"、主要是些什么人、这些人表现如何；了解造反队在南大搞了些什么活动，什么时候、哪些人到北京去了、北京有何消息；等等。几乎每天都要向反革命修正主义分子高庆华汇报，再由他们向旧省、市委汇报。同时，旧区委还布置我们：注意那些带头"闹事"的人。并要我们抽出专人，审阅档案，用表格形式搞了约10个人的黑材料，主要就是这些人的姓名、出身、政治历史问题、平时表现、"王金事件"中的表现等等。还专门誊清一份给高庆华到旧市委去向他的主子报功。旧市委内一小撮混蛋看我们没有搞出什么材料来，并不甘心，动用专政工具——旧公安局，搜集整理三社工人15人的黑材料，由雷绍典这个大坏蛋亲手交给反革命修正主义分刘中。旧省、市、区委内一小撮混蛋们，你们这种准备"秋后算账"妄图将革命群众打成反革命的罪行一定要老实交代！

最后让我们高呼

彻底砸烂旧省委！

彻底砸烂旧市委！

彻底粉碎资产阶级反动路线！

无产阶级专政万岁！

战无不胜的毛泽东思想万岁！

我们心中最红最红的红太阳毛主席万岁万岁万万岁！

旧市、区委做"王金事件"工作人员于顺良、张国义、徐俊良、孙勋

附录4. 国营X厂1130名革命职工的来信

就王金事件质问市委王副市长

调查团全体同志，你们好：

你们辛苦了，我们工人和你们心情一样，关于省市委对王金事件不严肃的处理，我们是坚决反对的，因为这样做的后果是非常坏的。自王金事件后，由于省市委处理不当，使南京打群架、流血事件不断发生，这些都是由走资本主义道路当权派促成的。我们为了维护党的荣誉，也加入批判省市委的战斗。

国营X厂 1130名革命职工

（一）是怎样执行最高指示的，是怎样贯彻十六条的？

我们最最敬爱的领袖毛主席说：共产党员必须倾听党外人士的意见，给别人以说话的机会。别人说得对的，我们应该欢迎，并要跟别人的长处学习；别人说得不对，也应该让别人说完，然后慢慢地加以解释。

十六条第四条的精神，是要发动群众，大鸣，大放，大字报，大辩论。

可是，市委你们又是怎样做的呢？恰恰相反，而是千方百计地压制群众，不让群众谈王金之事，作了很多工作，召各单位领导（包括居民干部）开秘密会议，示意要往下压，于是各单位回去即召开党、团员、五好职工、小组长，层层布置往下压。说什么，关于外语学校红卫兵，他们大方向是正确的，在破四旧，立四新中，立下史无前例的功勋，打死王金的红卫兵一般只有十一二岁，大的不过十六岁。年龄小，不懂事，是由于误会，是对敌人的仇恨，一拥而上才打死的，动机是好的，是革命的，是人民内部矛盾，批判批判，就行了，如把他们关起来，就等于不让他们革命。我们应该，抓革命，促生产，不要到外语学校现场去看，对内中情况不了解，不要议论。我们要顾大局，以党的利益为重，我们应当相信政府会做出"正确"处理的，不要受人利用，……（这些话与王副市长等所说的很是巧合，如出一辙）。并且每个发言者说完以上的话，都要强调地声明这是"我个人的意见"。真是此地无银三百两，为什么要这样呢？就因为内中有鬼嘛！在表面上看是"压下去了"，实际上广大的革命职工，革命群众，心中是气愤的，对你们这些老爷们所采取的压制手段，是敢怒而不敢言，维护真理，而被说成是不相信政府，不相信党，甚至于被加上"煽动"帽子，沉痛的是你们这些老爷们，为什么不按照我们心中的红太阳最最敬爱的领袖毛主席的指示办事呢？不认真地贯彻十六条呢？

（二）为什么，硬要把打死王金的一小撮败类与红卫兵拉在一起？

说红卫兵大方向是正确的，在破四旧，立四新中立下，史无前例的功勋，是的，这是事实。不但我们全国人民公认，同时也震动全世界，的确好得很，但是这是红卫兵在毛泽东思想哺育下，活学活用毛主席著作，认真地贯彻十六条的结果，应归功于整体，归功于毛主席。决不许把伟大的功勋，加在这几个败类身上去，因他们没有听毛主席的话，违背十六条犯下打死人的罪行，责由己负。

硬要把这几个败类和红卫兵拉在一起，其目的是不难看出的，不是想损坏红卫兵的威信，便是想利用红卫兵的整体，来为这几个败类摆脱罪责。

告诉你们这些老爷们，这是妄想，永远办不到的。

（三）打死王金能说是误会吗？

9月27日外语学校一小撮"红卫兵"因王金多抢了二张传单，要把人带回学校去，走到人民大会堂遇到要武三队的指导员，说是该队的工人是好人，保回三队的。

第二天，这一小撮"红卫兵"又到三队要人，指导员说，关于王金的问题请相信我们本单位自己能处理好。可是他们不听，硬要把人带走，回校后一下子，一下子，把王金活活地打死。同一天不但把王金打死了，而且还把红五星木器厂的青工叶家复打得死去活来。一个是误会，两个都是误会吗？不能，能说是对敌人的仇恨吗？不能，只能说明这一小撮败类，目中根本没有什么是组织，和群众，没有党纪国法，怎么说是误会呢？

（四）说什么，他们只有十一二岁，大的不过十六岁，年龄小不懂事，这是欺人之谈！

把王金抽得死过去用冷水喷过来再打，广东和长沙来宁串联的同学住该校，半夜闻喊叫声，起来亲眼看见把王金打死过去，用冷水喷过来再打便有三次之多，向他们劝阻过，要文斗，不要武斗，而被一小撮败类哄走，第二天见王金被打死，痛心地哭了。不懂事的孩子，能想得到，干得出吗？不能。

市委的联络员与该校校长他们打王金等人，也劝阻过，但他们不听，想打电话，电话被他们把住，想出校门去报告，校门口也把住不许出，这些都是不懂事的孩子能干得出来的吗？不能。

王金死后，喊救护车拖到清凉山火葬场，想把死尸烧掉，毁尸灭迹，这是不懂事的孩子能想得这样周到吗？不能。

火葬场的工作同志，警惕性高，和高度地为人民负责的精神，见死者，体无完肤，血肉模糊，便说要户口本子，他们又到王金家把户口本子骗来。火葬场的同志通知公安局，法院来人验尸，法医鉴定是钝器所伤，大量皮肤淤血致死。这样他们毁尸灭迹的阴谋才未得逞。

以上所做所为，能说是年龄小不懂事吗？不是不懂事而是很懂事，市委老爷们，请你们想一想，说他们年龄小不懂事，这不是自欺欺人是什么。

（五）能说打死王金这一小撮人的动机是好的吗？

单谈动机，不谈效果是不对的，先谈效果不谈动机也是不对的。这一小撮把王金打死了，效果是很坏的，对无产阶级文化大革命来说，是有一定影响的。动机如何，不能单凭我们想象来决定，可用XXX（第1号凶手）在10月6日的检讨书上几句话来对照下，便不难看出动机好坏。

XXX（第 1 号凶手）说：一、骄傲自满。二、红五类子弟。三、"好人打坏人"。四、闹到党中央也没有什么关系。他的动机早便准备闹到党中央，连省、市委，和司法机关都不在他的眼中，工人和群众那就更不用说了。

能说他们的动机是好的吗？你们这些老爷们说他们动机就是好的，这是什么逻辑，根据是什么？

（六）打死工人王金，打伤青工叶家复后，为什么还说这一小撮人是革命的？

我们用最高指示来对照一下，毛主席说：愿意并且实行和工农相结合的，是革命的，否则就是不革命的，或者是反革命的。他今天把自己结合于工农群众，他今天是革命的；但是如果他明天不去结合，或者反过来压迫老百姓，那就是不革命的，或者是反革命的了。

这一小撮，不但未和工农群众结合，而相反的，还打死我们工人王金，和打伤青工叶家复，你们市委还说他们是革命的，不知他们革的什么命，只能说他们是革工人的命。市委你们立场站到什么地方去了。请你们深思，有这样的想法，说这样的话，是不是太危险了。

（七）为什么说，这一小撮人，打死王金，是人民内部矛盾，连关也不能关？

十六条中第七条注明，确有证据的杀人、放火、放毒......应当依法处理。

11 月 17 日中央首长王力等同志接见厂矿企业代表时，见一女工上身被打伤，王力同志很气愤大声地说：违法的就抓起来。

可是，王副市长等，你们又是怎样的呢？说什么，打死王金是误会，是人民内部矛盾，批判批判就行了，关也不能关，关就等于不让他们革命。

从他们所做所为，不难看出是什么矛盾，就按你们所说，他们打死王金是人民内部矛盾，就不能关吗？恐怕也说不通吧？

例如一个驾驶车子的人，撞死了人，还要送到公安部门拘留起来，甚至于还要坐牢，撞死人我们可以肯定地说，不是有意的，是人民内部矛盾，还要拘留和坐牢。何况工人王金，青工叶家复，是活活地，被他们一鞭子一鞭子打死，打伤的呢？关都不能关，不禁要问市委老爷们，你们是怎样贯彻，我们最最敬爱领袖毛主席的指示的，党纪国法又是怎样执行的。

（八）你们这样处理是真的维护党的利益吗？

10月10日前后在人民大会堂，中山东路球场等地，召开干部，五好职工，先进生产者及少数班组长的会议上，要大家以党的利益为重，顾大局，要把王金事件压下去。

你们这样做是真的维护党的利益吗？不是的，因我们伟大的中国共产党一贯都是大公无私地，开诚布公地谈问题，实事求是地处理一切。

而你们这些老爷们对于外语学校，一小撮败类打伤青工叶家复，与打死王金之事，是百般地躲避事实，歪曲事实。

群众要想对被一小撮人打得死去活来的受害者叶家复同志，及死难者王金家属进行慰问是比登天还难。

王金家属的家是一搬再搬，无法可找。叶家复同志住在反帝（鼓楼）医院，照理是很好找了吧？可是你要想见到叶家复同志，那是难上加难，因叶家复所住的病房，只要外面一有人知道，便即搬迁，不让外人接近，问护士，护士回答说：这是领导的指示，究竟是谁的指示？不是你们市委又能是谁。我们伟大的共产党一贯的是光明磊落的，维护真理的，而你们这样躲躲藏藏的做法，是有损我们党的荣誉的，是有损党的利益的，我们是坚决不答应。

（九）你们这样处理王金事件，会给群众造成什么样的影响？

首先使人产生一种错觉，认为打死人都没有什么关系，打人，罚跪，及其他又有什么了不起。然而彭冲向毛主席下跪请罪，这又有什么值得大惊小怪呢？

128

XX 事件，当事人被拘留起来，众人知道了，不答应，去有关部门交涉，便提出，王金是被人一鞭子，一鞭子打死的，杀人犯直到现在还逍遥法外，你们怎么不按法律处理的，而别人是真的误伤人便要关起来，你们的真理何在，结果有关部门无话可说，只好把当事人放出来，（关于这方面的法律也应修改）。

还有一种错觉，认为这是官官相护，当然这样的想法是不应该的，可是又有什么办法呢？因客观已形成。

我们伟大的中国共产党是最讲真理的，过去是这样，现在是这样，今后还是这样，现在中央首长对九.二八调查团坚决的支持，便证实这点。

在目前我们只能是相信党中央，相信我们最最敬爱的领袖毛主席，因省市委，有些问题上是执行资产阶级反动路线的。如对王金事件的处理。用黑字红卫兵围攻黄字红卫兵，利用社教工作队围攻学生，等一系列的恶劣作风，直到现在还没有很好地检查，批判，改正错误。

我们广大革命群众一定要群起而攻之，非把你们这些资产阶级反动路线的坏作风，斗倒、斗深、斗臭，不获全胜，决不收兵。

无产阶级文化大革命万岁！

战无不胜的毛泽东思想万岁！

伟大的中国共产党万岁！

我们最最敬爱的领袖毛主席万岁！万岁！万万岁！

国营 X 厂 1130 名革命职工 1966.12.6

附录5. 南京市委的检讨

关于处理"王金事件"的检查

（调查团按语：此检查根本没有触及灵魂，只是隔靴搔痒，抽象地肯定，具体地否定，更没有挖出处理王金事件的主导思想的孽根。）

同志们：

我代表市委向大家作关于"王金事件"处理的检查，我们在处理"王金事件"上是犯严重错误的，现在向大家认错，向大家请罪。

市委在文化大革命运动中，执行一条资产阶级反动路线，犯方向性路线性的错误。错误延续的时间长，直到现在，前后已有几个月，错误的影响很广泛，在很多问题的处理上都体现反动路线。关于王金事件的处理，也表现我们是不相信群众，不依靠群众，不放手发动群众的，是"怕"字当头，而不是"敢"字当头的。

毛主席历来就教导我们："各级领导人员有责任听别人的话。"他又说："先做学生，然后再做先生，先向下面干部请教，然后再下命令。"

林彪同志说："在毛主席正确路线指导下，我国广大革命群众创造无产阶级专政下发展大民主的经验。这种大民主就是无所畏惧地让广大群众运用大鸣、大放、大字报、大辩论，大串连的形式，批评和监督党和国家的各级领导机关和各级领导人。"

检查起来，我们处理"王金事件"问题上是违反毛主席的革命路线的。我们的第一个错误，就是害怕群众，害怕民主，特别是害怕用大民主的形式去解决问题。具体的表现在以下几个问题上：

（1）关于成立调查组织的问题。

外语学校少数红卫兵打死工人王金的不幸事件发生后，在全市群众中引起很大的反映，群众自觉地关心文化大革命运动中发生的这一严重违法乱纪的事件，并主动地上街到现场去调查研究，这是革命的行动，是正常的、合理的。而我们当时却表现得"怕"字当头，怕群众干预此事，众说纷纭，搞得满城风雨，会使问题更加复杂化，甚至有可能发生新的意外事件。因此我们就仓促地成立一个名义上的调查组，并发一个代表市委观点的口头宣传材料。这个调查组是没有经过和群众商量就成立的，是有名无实的。它发表的调查材料由于缺乏充分的群众路线，因此，其中虽然也反映一些群众的意见，但这仅是一部分同意我们观点的群众意见，而没有反映另一部分不同观点的群众的意见，这是不民主的，是没有如实反映当时的全面情况的。这个组织的成立，实际上是搪塞舆论和抵制群众要求成立调查组织的一个挡箭牌。后来要武联社三队的几位同志和华东水利学院的几位同学要求成立一个群众性的调查组织，并要求和打人的几个红卫兵见面，我们没有同意，怕把问题扩大，把问题搞复杂，更怕为坏人利用，这也是错误的。现在看起来，我们在较长的一个时期里，还是消极对待的，没有积极地给予支持，我们主观上已为"王金事件"的处理定下调子，认为事实真相大家是清楚的，把它作为人民内部矛盾处理，是恰当的，是正确的，是会得到广大人民支持的，因此认为无需再作调查，这些都说明我们是多么地迷信自己，而又是多么地不相信群众，我们的群众观点是多么地薄弱啊，由于我们错误的思想的指导，使"王金事件"调查团在开始一个时期里遭受到一定的困难，这是我们压制群众的一个过错。

（2）关于"王金事件"发生后，群众反映强烈，我们不是主动去征求群众的意见，让群众自己教育自己，而是采取包办代替压制的方法，企图压服群众，掩息这个问题。10月初，市委负责人曾就"王金事件"分头向干部群众作报告，我们当时的动机，是为了作政治思想工作，设想用各级各单位领导说服群众识大体顾大局，谅解年轻的红卫兵误将好人当坏人打死，企图把这件事掩息下去，但是，由于我们没有认真地贯彻从群众中来到群众中去的原则，没有认真地听取大家不同的意见，去有的放矢地解决问题。因此这些报告，并没有解决大家的认识问题，相反地在客观上造成一种框框，正如有些人揭发是"对有些不同意见的人施加压力。"把观点强加于人，起了阻碍鸣放，堵塞言路的不良作用。当时，不少群众，对市委关于"王金事件"的调查解释不满，都纷纷到外语学校的现场去参观调查，我们不相信群众的觉悟水准，却以为人去多了，难免不发生问题，更怕坏人钻空子，因此，采取一些错误的措施，开始，动员各单位领导群众作劝阻工作，劝阻大家不要到外语学校去，后来看看劝阻不住，我们就从农村社教工作团，抽调一批队员，派到外语学校现场去掌握情况，帮助维持秩序，由于我们领导上给这些同志一些框框，即自认为市委对"王金事件"的处理是正确的，关于"王金事件"的大辩论是不必要的，因此在现场工作的一些同志就做一些不适当的工作，如参与辩论，阻挠辩论和向市委提意见等等，这些做法实际上是起压制群众意见的作用，阻碍群众之间正常的自由切实的辩论，违反群众自己教育自己的原则，这个责任，主要是由市委承担，不在于具体工作的同志。

（3）关于清理现场和转移学生的问题，"王金事件"发生后，群众纷纷到现场参观调查，我们怕打人现场的不好景象，给于群众以现实的刺激，更增加不满和使事态扩大，曾要学校迅速将现场清理，企图以此来冲淡参观调查的群众的印象。对于外语学校的学生我们不是相信他们会总结经验教训，可以自己教育自己，而是怕他们和职工群众正面接触以后，由于感情冲动，可能引起新的冲突，因而决定让在校的所有学生立即转移乡下参加劳动，我们并派人雇车陪他们一道前往。我们这种不相信群众的做法，曾经遭到一些学生、家长，及职工的反对，但我们当时却听不进反面的意见，还以为我们自己采取的是正确的措施，这就影响青年学生们，红卫兵小将们，经风雨，见世面接受群众教育的锻炼。

（4）关于处理王金家属的问题：在这个问题上，我们也是有错误的，我们未与要武联社三队的职工同志一起商量，就自行处理。这是违反我们与要武联社三队同志的协议，是不民主的，是没有走群众路线的，这也反映我们要急急地把家属问题处理好了以后就算把这个问题解决的错误想法，我们曾以为家属问题处理了，其他的问题就好办，存在着一种旧社会处理事件的旧思想，认为死者家属不闹什么问题，别的人也就不会再起什么风波，还错误地设想，死者家属处理好，还可以通过他们对一些有意见的人做工作。

以上这些错误，表现在我们只是习惯于老一套的工作方法，即："我说你服""我打你受"置群众于一种被支配的地位，即使有时也发扬一点民主，那也仅是小民主的范畴，至于对大民主，却始终感到即不理解又不习惯，我们有许多的做法不是放手发动群众，而是束缚群众的手脚，甚至不自觉悟地压制群众，这怎么可能把工作做好，怎么可能不犯错误呢？

我们的第二个错误：就是对于打死人的违法的少数红卫兵没有严肃法纪，及时处理，相反的，将他们转移外地逃避斗争，（特别是对打死人的主要负责人还用车子送他上飞机转移到外地去），这是一个极其严重的错误，实际上是起了包庇掩护的作用，我们当时的指导思想，认为肇事的这一些学生都是未成年的青少年，他们听信谣言，误以为王金是坏人，因而造成打死王金的事件，根据这个事件的性质，作为人民内部矛盾处理是恰当的、正确的，毛主席说："人民中间犯法分子也要受法律制裁。"我们没有按照主席的这个指示办事，而且当时也有不少干部、群众从这一事件处理的问题，提出过合情合理的意见，但我们也没有听得进去，为什么我们表现得这样不果断呢？根本的原因：是我们把"怕"字放在第一，把"我"字放在第一，生怕这个问题的处理会影响全局会引起红卫兵的反对，更怕因此而犯方向错误路线错误。因而迟迟不敢做出处理，直到最近，我们才将打死王金的主要负责人 XXX（第 1 号凶手）拘留审讯，前后拖了三个月时间，影响很坏。

由于我们对"王金事件"的处理不当，没有严肃法纪，可以肯定它是已经起了极其不好的作用，有人反映南京市文化大革命运动中展出武斗的现象，与此有关系，这是有它一定的道理的，它既危害我们国家的法律的尊严，挫伤人民群众正义的伸张和民主的发扬，又影响对犯法人的惩前毖后的教育作用，我们深感错误严重，内心疚仄万分，我们恳切地希望大家起来彻底揭发批判市委的错误，摧毁市委的资产阶级反动路线。毛主席教导我们："错误和挫折教训了我们，使我们比较地聪明起来，我们事情就办得好一些。"我们有信心和决心，依靠广大革命群众，把"王金事件"按毛主席的路线和原则求得正确的解决，以弥补我们过去在工作中造成的错误和损失。

南京市委

附录6. 王金事件记事

9月28日：（1）中午11时外语学校四名学生持介绍信将王金带回学校。（2）下午进行审讯。（3）傍晚驻外语学校联络员孙桂生汇报市委教育小组秘书组朱兴祥。（4）夜晚又抓来青工叶家复，拷打工人王金和叶家复。（5）其间外语学校校长陈风肖值班擅自离职。6.10时左右511厂工人杜书宝去市委报告。7.市委书记高黎光，置若罔闻，酣然大睡。8.市委吴文熙报告市委书记刘中，刘中仅派两个人去外语学校看了看。

29日：（1）上午10时王金被打死。（2）XXX（第1号凶手）等三人将尸体私自拖往火葬场火化，却遭到火葬场拒绝。（3）市公安五处进行验尸。（4）下午市公安局五处到外语学校了解打人和现场情况（赞扬什么样的鞭子打人最合手，连现场都没有摄影就匆匆走了）。（5）下午、晚上市委召开两次书记碰头会，公安局汇报外语学校打人情况。（6）晚上市文革张海萍，区委高庆华等有关单位领导召开紧急会议，迅速处理尸体，每隔半小时向市委书记汇报一次听其指示。（7）市委派区委、区人委办公室主任于顺良、孙勋、姚某坐镇区联社抓王金事件。

30日：（1）上午区联社书记周仁和武装高干事下工地召集"骨干"开会，传达市委的意图告知王金打死之讯。（2）下午4时市委、市局决定将王金尸体火葬。（3）晚上三队工人闻讯到市委要求市长接见，市委派张海萍应付工人。（4）深夜三队工人写强烈抗议大字报。（5）下午三队少数工人向省委汇报王金事件，并向南大、北京人民大学红卫兵反映王金事件的情况。（6）晚上、中午市委书记处召开碰头会，市文革张海萍反映三队情况。（7）夜晚区委召开联社干部的紧急会议，要顶住，多做工作。（8）深夜区委、联社派人来三队监视，察看动态。（9）坐镇联社抓王金事件的老爷们连夜查看三队工人的档案进行政治排队。（10）刘中召开打人学生家长会。（11）市委派出社教工作团150名去加强外语学校工作。

10月1日：上午：（1）三队革命工人继续抄写强烈抗议的大字报。（2）市委、联社干部盯梢监视三队动态。（3）副市长、市公安局长雷绍典秉承市委书记处的旨意指使市局二处和玄武区分局①整理黑材料，并重点整理15个工人的材料。（4）下午三队近20工人去市委并看法医鉴定和刑事摄影（已篡改过）。（5）晚上区委、联社召开三队"骨干"会议（关于王金事件）。

10月2日：上午：（1）少数三队工人去南京大专院校红卫兵总司令部研究大字报上街问题。（2）中午少数三队工人贴出"强烈抗议"的大字报。下午：（3）三队门口聚集不少群众要了解王金事件。（4）傍晚又贴出九.二八王金事件的初步大字报。（5）在南无东风②的协助下连夜赶印九.二八事件一部分传单。（6）市局、分局、派出所派出便衣巡回在外语（笔者注：外语学校）、三队搜集"动态反映"，整了大量革命群众的黑名单、黑材料。

10月3日：上午：（1）三队3个工人和华水③7个学生组成调查小组到外语学校调查。（2）革命工人群众自发送声援、强烈抗议的大字报来三队门口。（3）三队也招待一些革命群众（对王金事件问题了解）。（4）外语学校也有革命工人群众自发地看现场送大字报。（5）下午王昭铨奉刘中之命召开一个打人学生头头的座谈会。（6）晚上部分三队工人去联社人保股了解王金的政治面目，却遭到拒绝。（7）下午2时刘中召开常委、部委、区委分团会议研究王金事件。（8）中午三队革命工人把王金事件电报陶铸。

10月4日：上午：（1）王昭铨和外语学校书记谈话，要加强学生工作，布置破坏现场，毁灭凶器。晚上：（2）王昭铨在外语学校党委会④作具体的布置，并找打人学生谈话。（3）刘中找几个打人学生的家长谈话。（4）市、区、联社党委召开首次三队工人代表会议，研究所谓如何处理王金事件。（5）来外语学校、三队的革命群众川流不息，日渐增多。（6）市、区公安局派出所、市

---

① 原文为分区。
② 南京无线电技术学校"东风战斗队"。
③ 华东水利学院，现更名为河海大学。
④ 此处应为党支部会议。外语学校中共的最高机构是党支部。

委工作人员派出的也日渐增多。（7）已开始在外语学校自发组织群众性的辩论会。

10月5日：（1）上午9时，王楚滨召开城区区委书记会议，布置关于王金事件的"宣传解释"工作。（2）下午、夜晚，市、区委又召开三队工人代表会议，在与会代表强烈要求下不得不公布王金的政治面目；会议一直进行到深夜2点多。（3）三队连夜刻印王金政治背景传单和写大字报。

10月6日：上午：（1）王金政治背景大字报、传单上街。（2）大批的革命群众自发前来三队声援。（3）476厂受领导压力徒步60华里前来三队声援，后到市委，要市委表态。（4）大批革命群众涌向外语学校看现场，了解情况，贴大字报，提抗议，晚上自发组织辩论会。（5）市、区公安局大肆盯梢、监视、记黑名单、整黑材料。（6）在群众中大抓"政治扒手"。

10月7①日：（1）上午和下午在区委会议室由市委书记王楚滨召开三队工人代表会议，根本无视工人的正义要求，歇斯底里地大发作："谁要把事态扩大，我们绝不会饶过他"。（2）上午7时半刘中召开各方面基层领导作《王金事件》的报告。（3）下午刘中同于绍先谈外语学校武器问题。（4）晚上刘中召开书记办公会《王金事件》专题会。（5）晚上在外语学校的自发去市委请愿，结果被市委、市局破坏，将主席像撕破。大抓"政治扒手"。（6）三队赤卫队在市、区委一手策划下成立，和红色造反队闹对立。

10月8②日：早上：（1）外语学校党支部受市委指示贴出暂停接待的大字报。（2）市委下达给各基层单位领导关于《王金事件》的《绝密》文件作统一口径的报告。（3）晚上王昭铨坐镇外语学校，将外语学校学生全部偷偷地转移到江宁县小丹阳，连家长都不给知道。（4）晚上8点许家屯在公安局大礼堂召开市级党员干部关于王金事件的大会。（5）街上见到同于市委观点所谓正面大字报和传单。

---

① 原文为6日。
② 原文为7日。

10月9日：（1）上午8时王楚滨在人民大会堂召开科级以上党员干部关于王金事件的报告。（2）下午2时王楚滨召开市常委、部委、区委分团负责人研究王金事件的会议。（3）所谓正面大字报满街贴，传单到处散，举目皆是。

10月10日：（1）上午8时半，郑康在人民大会堂召开第一公交政治部的毛著积极分子、先进生产者关于王金事件的大会。（2）上午8时半陈慎言在中山东路球场召开第二公交政治部的毛著积极分子、先进生产者关于王金事件的大会。（3）下午3时高黎光在人民大会堂召开红卫兵关于王金事件的大会。（4）下午3时郑康在中山东路球场召开红卫兵关于王金事件的大会。（5）市委在夜里将王金家属搬得不知去向。

就在江苏省委、南京市委这种高压下，将轰轰烈烈的群众运动镇压下去了。

10月11日：（1）上午王楚滨召开书记碰头会议，谈了王金事件。（2）下午3时，王楚滨召开关于王金事件的书记办公会议。（3）王昭铨用小轿车将XXX（第1号凶手）送往机场乘飞机去山东，逍遥法外。

10月12日：坚决坚持不同意市委处理意见的13个三队工人找到刚从北京返宁的南大红色造反队，向他们介绍王金事件的全部情况。

10月14日：在要建三社部分革命工人、南大红色造反队、全国革命造反串连总队发起之下，成立一个南京九.二八事件联合调查团。

10月15日：筹备开成立大会，晚上，市委召开书记办公会研究王金事件。

10月16日：调查团在南大文革楼正式成立，由40多个单位的工人和学生组成。

10月17日：调查团代表去市委，要市委表态，市委回答，你们要调查就调查去嘛，我们认为没有必要成立调查团，因为市委已经作了调查。

10月18日：调查团代表去省委，要省委表态，省委同市委一样，老调重弹，一脉相传。

10月19日：（1）在省、市委的重重阻碍，百般刁难，调查根本无法进行，在南大红色造反队支持下，调查团一行5人赴京告省、市委的状，在火车站遭到省委的御用军黑字兵的无理阻拦，结果误车一小时之久。（2）晚上7时半，王楚滨召开研究王金事件的书记办公会议。

10月下旬--11月上旬

南京：少数调查团员继续和省市委进行斗争。大字报、传单不间断上街。

北京：赴京代表得到当地革命造反派和各地赴京革命造反派的支持。

11月10日、11日、12日、14日，国务院杨副秘书长四次接见我赴京代表，坚决支持我们的革命行动。表示一定要把王金事件调查清楚，并指出以后阻力还会更大。

南京：14日北京建筑工程学院23个学生去市委由岳维藩、张海萍接谈王金事件。

15日，北京：中央国务院再三催促省市委派人去中央研究如何处理王金事件，省市委蔑视中央，仅委派区委干部去国务院，上瞒下欺。王楚滨还电话指示要挟国务院也要派人调查，企图把矛盾上交，给中央施加压力。

南京：在市委宣传部张海萍接待北京建筑工程学院20左右学生，找三队的红色造反队、赤卫队两部分工人了解关于王金事件的问题。

16日：南京：晚上在商业局会议室岳维藩市长和调查团，北京建院学生三方达成五项协定。

北京：国务院杨秘书长、调查团赴京代表、市委赴京代表三方举行会议。

17日：南京：晚上，张海萍代表市委书记处只答复了五项协议的三项。

北京：国务院杨秘书长^①、调查团、市委代表，三方达成三项协定。

11 月下旬，三队赤卫队在省、市委、区委的支持下赴京贩卖省市委的观点，和调查团唱对台戏，要求中央文革接谈，结果一无所获，狼狈而回。

11 月 24 日，部分赴京代表返宁后，在南大召开首次向全市革命造反派赴京汇报会，和省、市委进行坚持不懈的斗争，要了些必要的宣传用品和房屋，这时调查团才算有了合法的地位。

12 月 2 日赴京代表全部返宁，只留一个驻京代表。在南大又开了第二次赴京汇报会。

12 月 3 日去市委索取有关王金事件的材料，经过两天一夜的斗争，造旧市公安局的反，才把有关王金事件的法医鉴定和刑事摄影夺回调查团。

12 月 5 日，调查团一行 5 人为革命再次千里赴北京，将材料带到国务院请示中央，国务院秘书厅主任田耕接见我团赴京代表，表示返宁可以将其印成副本给群众看，南京：市委只是口头答应调查，但调查对象不知所在，市里负责人也不见面，多次夜里去市委寻找负责而市委负责人避而不见。

12 月上旬，我们发现坐镇外语学校处理王金事件的幕后策划者幕前指挥者王昭铨在南无电校^②，由于南无东风的大力支持下找到王昭铨，可是王很不老实，拒不交代问题。

12 月 15 日：把王昭铨揪到华东局造了反，并得到华东地区革命造反派的坚决支持，我团代表在华东地区革命造反派的大会上发言。

12 月 26 日：华东局、调查团和市委代表王昭铨达成五项协定，华东局并签署处理意见。

12 月 30 日：赴沪团员凯旋返宁，在文化大革命大好形势下，在革命造反派强大的压力之下，旧市公安局不得不将主犯 XXX（第 1 号凶手）依法拘留，这是调查团开始的初步胜利。

---

① 原文为杨书长。
② 全称：南京无线电工业学校，现为南京信息职业技术学院。

12 月 31 日：正当我团要把这个好消息和五项协议向全市 130 万人民汇报时，市委的御林军南无八·一二①冲击我团部，劫走我团借来的汽车和喇叭及其他宣传器材。

1967 年 1 月 3 日晚：我团接红总通知，前往江苏饭店察看现场。

1 月 10 日：我团派调查小组进驻外语学校进行调查。

1 月 20 日：南无八·一二在南京动力学校伙同"斗批改"②打伤我团员 4 名，严重影响我团调查工作的进行。

1 月 24 日：外语学校"毛泽东思想红卫兵"在南无八·一二唆使下勒令我驻外语学校调查小组撤出，遭到该校革命师生的严厉谴责和我团严正拒绝，未能得逞。

1 月下旬，在全市展出第一批有关王金事件的部分刑事摄影。

2 月 4 日召开全市革命造反派关于王金事件揭发批判省、市委所执行资产阶级反动路线大会的筹备会。

2 月 6 日：调查简报创刊号出版；在人民大会堂召开全市革命造反派关于王金事件省、市委所执行的资产阶级反动路线揭发批判大会；当日下午，南无八·一二保走了省、市委内走资本主义道路的当权派许家屯和王昭铨。

2 月 12 日晚：南无八.一二劫走我团的宣传器材，借来的录音机壹部、发电机、手摇印刷机壹部及其他物品。

2 月 18 日：调查简报第二号出版。

2 月下旬拟定调查报告初稿；3 月上旬修改调查报告。

2 月下旬至 3 月上旬，多次去旧市委、市局、分局等有关单位索取有关材料。同王金事件有关的单位：火葬场、王金家属、要建三队、市委、外语学校、市公安局、救护总站等屡经调查，反复核实。

---

① 全称：南京无线电工业学校"八.一二造反队"。
② 全称：南京动力学校"斗批改战斗队"。

附录7. 市委常委、书记碰头、办公、处理会议记录^①

1. 出席：刘中、王楚滨、高黎光、雷绍典、江青萍、彭冲

时间：1966 年 9 月 29 日晚上。

内容：公安局汇报去外语学校，调查红卫兵打死人的情况。

彭冲：第一步先同红卫兵纠察队讲清楚，请他们同我们一道去调
　　　查.....。

2. 出席：彭冲、刘中、高黎光、雷绍典、孙同洁。

时间：1966 年 9 月 29 日下午。

内容：公安局汇报外语学校红卫兵打死人问题。

彭冲：第一，我来调查，查清事实，毫无根据把人打死，肯定是错，
　　　要给他们批评....你们说是打狗队，要有证据，同纠察队总部
　　　一起去，要他们一道参加...。

3. 出席：刘中、王楚滨、高黎光、洪百川。

时间：1966 年 9 月 30 日上午。

刘中：.....对外语学校，江渭清同志意见，要整党内走资本主义
　　　道路当权派，要舍得一身剐，保卫党的政策，也要舍得一身剐。
　　　省委要省公安厅从外语学校这件事，到全市，全省的打人，政
　　　策以外的搜家，要写个报告，要提意见，国庆后给中央写报告，
　　　我们要提供人家材料。

（刘中又说）今天要抓的几件事：（1）国庆动员，彭冲动员。（2）
　　　死者的善后工作。（3）家长工作。（4）联络总站工作。

4. 出席：刘中、王楚滨、高黎光、陈慎言、孙同浩。

时间：1966 年 9 月 30 晚。

---

① 因原文是会议记录，此处不做任何纠正，保持原样。

张海萍：....工人要求把法医检查的情况作一个介绍，要求看现场
照片，开始要求拘留凶手。

刘中：告诉他们公安局在调查，等国庆后，今晚不看法医检查。

5. 会议通知单

会议名称：常委、部委、区委、分团。

地点：计委三楼。

内容：主持人：刘中、记录：李德雍。

张海萍、彭冲、（王）军分区党委、赵、于（于）玄武区委高庆华、
刘中、（李）城市工作团、沈、白下区、李光霞、岳维藩（因
病请假）、组织部、徐、（赵），秦淮区狄石、王楚滨（吕），
建业区委方明、郑康（黄、倪）、鼓楼区委刘耀华、高黎光
（王）、下关区委施明、江靖宁、宣传部罗（王）、浦口区委
顾兴华、周爱民、第一工交政治部柯、雨花区委李风华、陈慎
言（接待站陈、陈），第二工交委政治部王新吾、杨志、栖霞
区委委周强（李）、雷绍典（朱），农村工作团刘济川（等），
卫生分团（董），沙轶因，（李）房震（丁、姚、钟）财贸政
治部、统战部（孙）、文体分团（王）梁为人、教育小组石坚、
陈文村、监委徐想起（张）联络站孙同浩、工会王敏（张）联
络站孙同浩。

团市委李定澜（方）街道分团（向）肖敏妇联周姚瑜（王）人委办
公厅洪百川、仪表分团（复）李云姐、计委陈云龙、张启龙经委、
科委王彬城建局党委（杜）机关党委鞠洪俊、王昭铨、（狄）政治
处程簏敏、李剑、王树东。

刘中：.....把工人贴的大字报拿来对照，处理这事用市人委名义
政府名义，出面与各方面介绍打交道由书记兼副市长的出面，
王昭铨已出面，王楚滨还要出面。

问凶手是谁？我们介绍情况，如何介绍的问题，打的学生 20 多个，
无锡、上海的十几个，打后跑掉了，红卫兵负责人知道，带人的四
个可知道，住在校的外地学生也不知道，因为不让进去，劝他们不
要追究，也交待不出。

有人要参加组织联合调查团问题，打死人问题我们已调查了提不出来、有无国际打狗队，只能说根据现在调查没有，也不能保险没有国民党特务，这个人可保险，本人历史也可落实。

此事抓紧，工作要做细致充分，否则当心为坏人利用。

沈振荣：省委口径要一致。

6. 刘中同志与外语学校八个学生家长的谈话记　66.10.4.晚

刘中：……请你们来，就是要做点工作，不要火上加油。不要再有人说打死个把人有什么关系。再打死人怎么办……他们说反正市委要替我们顶住的。今天 9 中、10 中就有人在串联，说这是革命行动，支持他们的革命行动。说北京打死人多呢……他们抓起两个工人，说实在话，都是好的，一个受伤的 18 岁很棒，被打后没有讲一句坏话，死的一个，死前根本没有还手，如果是反革命，不和你拼两个……。

7. 家长会：66.9.30.晚

刘中：……有些坏人就想制造惨案，要打倒省市委，他们就要制造事件。

8. 王昭铨和霍继光谈加强学生工作 66.10.4.晚

王昭铨：……今天上午，党内要把这件事沟通一下，要使他们懂得，不扩大，是从大局出发的，是有严重错误，但不能让大家再来打红卫兵，只要从党的事业出发，先把现场封锁起来。

9. 书记碰头：66.10.4.　下午 5 时半

出席：彭冲、刘中、王楚滨、高黎光、王昭铨、洪百川、张海萍、高庆华。

王昭铨：联社工人工作加强以后，达成协定……乔泰阳他们动员 XXX（第 1 号凶手）不要检讨，动员他们到北京去，现有两个同志正在落实这件事……现场明天不能再开放，今天晚上要连夜搞掉。

彭冲：是否学校领导要出面，小鬼不要出面，你掌握不住，带几个认识好的小孩子，打人，抓人不对，以后不要搞了，主要由学校领导挑起责任，失职，请示上级处分.....晚上人少时打扫清洁卫生，把它搞掉。（现场）

10. 关于外国语学校发生少数学生打死工人王金事件的调查
（供口头宣传解用）中共南京市委文革小组调查组 66.10.4.

11. 城区区委书记会议记录
时间：1966 年 10 月 5 日上午 9 时。
地点：计委三楼会议室。
内容：关于外语学校少数学生打死王金事件的宣传解释工作问题。
主持：王楚滨，记录：刘树栋
出席：孔学仕、李光霞、秋、石、魏、刘、张及财贸机关。
王楚滨：外语学校的事，大家都知道了，这件事，弄不好有蔓延扩大的可能。.....打死人又不是哪一个人打的。他们主流的方面还是革命的，要革命过程中，他们没经验，会犯那样，这样的错误，所以我们要对他们支持、帮助.......打死人的少数学生，大都是 14、15 岁的，还不大懂事。要追究哪个人是主犯搞不大清楚，也没有必要。何况这些学生还是要革命的，文化大革命又是新鲜事物，发生一些问题是难免的。

12. 刘中同志关于外语学校少数学生打死工人王金事件的报告
66.10.6. 上午 7：30
刘中：今天请各方面的机关，基层单位的负责同志来，直接的是为了谈外语学校少数学生打死人的事情......各种意见都在发表......但总要有统一的思想原则来指导......。

13. 书记处理问题记录　66.10.6. 下午
刘中同志，于绍生同志谈外语学校武器问题。

刘中：对外语学校要作思想准备，准备它作为个爆发点，对保管的
　　　是什么人要了解一下。

于绍生同志：对社教工作队的队员的思想状态，市委要了解一下，
　　　怕字当头，简直不敢管事，有的习惯于行政命令，行不通，就
　　　不管了，不把基层的积极性调动起来，市委的压力没法消除。

14. 书记办公

出席：刘中、王楚滨、岳维藩、高黎光、陈慎言。

时间：1966 年 10 月 6 日晚上 8 时。

张海萍：1. 工人最大的问题是能不能拘留 XXX（第 1 号凶手），是
　　　否交给红卫兵总部处理（刘：不行）

　　　　　　　2. 发通报问题红卫兵总部发通报坚决贯彻十六条，
今后不再发生类似问题。

　　　　　　　3. 校有关领导要处分问题，要赶快办。

　　　　　　　4.....

15. 书记办公

时间：1966 年 10 月时日下午 1 时--2 时半。

出席人：岳维藩、郑康、高黎光、陈慎言、程篑敏、洪百川。

王楚滨上午把王金事件向省委书记处汇报。

陈光同志意见这事要大张旗鼓地宣传，这现在是多数人的问题，当
　　　然有少数别有用心的人，但大多数是不满，我们讲话，宣传更
　　　有重点，落脚在这个上面。红卫兵与工农关系紧张，大多数中
　　　间群众对红卫兵少数违法不服。这事搞不好，不是劳动人民对
　　　我们不满，就是对红卫兵也得不到教育，现在是大好时机对红
　　　卫兵进行教育，也是大好时机争取红卫兵对我们的信任。

不要抽象地讲，要使人听了入情入理。这是青少年犯的错误。要把
产生的原因，主观上是他们要整坏人。下面在谈对这事的态度，要
教育，不能引导到如何处理。

市委不要怕，应说的就说，应坚持的就要坚持。现在不要强调别有
用心的人，因为现在群众搞在一起，要通过这事把群众的......。

在必要的时候可以出去宣传车，但宣传稿子要写好。

目前要把外语学校事件作为中心来稿[①]......我们书记处要以这事为中心，迅速把宣传稿子写好，今天二点钟先开个部委、区委会议。

高黎光：展开大规模的宣传教育，领导同志普遍出动作报告，红卫兵按总部作报告，工人开全市性劳模、五好职工、毛着学习积极分子会议、工人请许家屯作报告。

程箴敏：从国营分团调约 150 作为机动兵团。

王高：这部分先要训练。

16. 书记碰头

时间：1966 年 10 月 11 日上午。

出席人：王楚滨、郑康、王昭铨、王新晋、石坚。

王：文凤来[②]今天回来，口号是"冲垮市委、大干一场。"在我们这里做文章的，一是水电队，一是雨花台，三轮车问题他抓不住我们。

赶快把外语学校的问题弄好，不然别想介[③]围。从领导到机关干部都要有思想准备，组织准备。学校问题刘中意见，工作组先集中一点。通通思想，如怎么叫方向性、路线错误？群众弄群众、工作组有倾向性，算不算方向性、路线错误。据说中央可能明确一些问题，王金问题，现在不是一面例子，内部都分成两派，集点是处理问题。

王：现在的大事（三件）

（1）王金事件，情况在发生变化，处理问题怎么弄，不然不能平气愤，以什么形式出现？也要赶快研究，通过什么管道，使大家都知道。

（2）准备文凤来回来后，在几个主要问题上怎么搞好，王金事件他恐怕不会插手，他无非搞雨花台、水电队、十条，这也要准备他冲，组织工作怎么搞好呢？

[①] 应为"搞"。

[②] 文凤来是南京造反派领袖，文革前是南京大学讲师、退伍转业军人。

[③] 应为"解"。

17. 书记办公会议记录

时间：1966 年 10 月 11 日下午 3 时

出席人：岳维藩、王楚滨、郑康。

王楚滨：王金问题，要省委继续讲，工厂、企业没有讲的继续讲，做多数人的工作，特别是玄武区，鼓楼区要多做工作，要武三社的工作更要做好。

学校红卫兵中对 XXX（第 1 号凶手）要处理，如撤销队委，留队察看等，最后与家属、三队达成协定后。像开记者招待会一样，开一次会，现在先看一二天，学校要王昭铨，孙同浩同志做工作，二个区做二个单位的工作。

郑康：红卫兵处理问题，我们不要提出，最好让他们自己提出来。

王楚滨：南大文凤来要搞我们，雨花台、人民大会堂已联系上了，还有十条，他们又可能搞辩论会，我们机关要作准备。大院里各局都组织两套班子，如果被占领后，一套班子下去继续工作。文凤来搞辩论会，要你去，谁去，要有准备，要定下来，雨花台、大会堂、水电队，十条。

转出去是头头、带两个人，二个工业部、宣传部，组织部的头头，教育小组的头头，有少数人转到二线。

郑康：现在不动，但要指定转移到哪里，如果占领一部分就继续留下来，一部分转移。外食堂要赶快搞好。桥这里搞一个门，这边作为宿舍区。

党校作为一个点，以后部委，办公厅搞材料的人去。

王楚滨：开小组领导会议，内容：文凤来问题迁涉几件事；雨花台问题，要单位与王鑫同志出面；人民大会堂问题张海萍，洪百川或我可以去；有问题是水电队问题。

18. 书记办公会议记录

时间：1966 年 10 月 11 日晚 7 时半。

出席人：岳维藩、王楚滨、郑康、高黎光、王昭铨、陈慎言、房震、洪百川、孙同浩。

王楚滨：彭冲同志来电话说工作组要好好学习十六条，动力学校要
　　工作组回去的问题，请王昭铨接待，答复工作组可以回去，但
　　人员还要集中，时间不要定。红卫军问题，要说服按总政指出，
　　不要成立。

郑康：市指挥二线要建立起来，文件要赶快清理，该搬的搬，该烧
　　的烧。

王楚滨：一、重大案件的分工。（1）雨花台问题，由黎莲娇、张
　　宝和和王鑫雨花区委负责。（2）人民大会堂由洪百川、张海
　　萍、夏梦林同志负责。（3）三轮车、水电队由王新吾、宋文、
　　林振方、沈振宗等同志负责。（4）七二0厂问题，由黎达、
　　茅祖才同志负责。（5）十点意见由周兆瑜、康明亭同志负责。
　　（6）外语学校由王昭铨、朱明、扬玉、高庆华、孙同浩同志
　　负责。（7）房屋问题由王彬、许引之同志负责。以上问题要
　　多查材料准备和接待。以后组织有关单位职工参加辩论会等事
　　项。二、大院内单位分两套班子办公。组织部、宣传部、政治
　　处放在党校，经常工作人员都可以去。一、二工交放在白下区
　　委，教育小组到玄武区委，主要是去几个头头，带几个秘书。
　　副食品局、物资局、城建局到基层单位去，财贸到人民银行，
　　农村局到雨花区。

19. 书记办公：

时间：1966 年 10 月 19 日晚上 7 时。

出席：王楚滨、郑康、高黎光。

列席：王昭铨、孙同浩。

内容：研究王金事件。

20. 书记办公：

时间：1966 年 10 月 20 日上午 9 时。

出席：王楚滨、郑康、陈慎言、王新吾、徐杰、柯德金、王凤、宋
　　文、刘明佑。

王金问题有些职工在思想认识上还没有完全解决，正在等待市委处
　　理情况，随时有可能闹事碰头。

附录8. 审问王金记录[①]

14岁小学毕业，以后在苏州中学上了两年级，以后学剃头，参加19路军78师第3团医务所卫生员（民国21至民国24年）民国25年回南京，考药学讲学所，第6期没有毕业，武汉又转到ＸＸＸＸＸ......抗战爆发，到战时卫生训练班助教（45年）湖南长沙，以后住在江西太和第16军医院（因害腿），凭一张医疗证，训练班开的，抗战胜利后到汤山陆军医院当师司药，军医二阶，后来考成南京总医院，也是司药。又改陆海空军医院仍旧是司药（34标），医院走了到台湾，我没有跟去。1948年年底疏散，1951年做小生意（资本2、3块，机油和雪花膏，三等1.28，升州路新民）1956年11月国务院招聘报名，徐州煤矿基本建设局卫生科当药剂司，1956年调到徐州东关淀正机械修理总厂治疗所药剂员（王义轩）帮助理，Ｘ立合剂，后来Ｘ水Ｘ很，后来开火例在里面拼命死拉，干药在正面，领导批评，作Ｘ对提出要求加工资，干部处组长李芳华提出要求国务院命令没有加，于是我就再三要求回来，1957年8月回来后，作原来的小生意，1块3、4角钱，以后在ＸＯ讲义分到中央门修铁路，四牌楼办事处，四牌楼派出所各个委员会由唐所长等，我也带头劳动，一个星期以后，一个组织是后来到我区劳动科到土方队抬土方（地点：南京汽车制造厂）1958年大炼钢铁（后宰门）行政科作2天，1958年10月份到玄武大队，玄武区城建局20天，下来拖车子，拖出小肠气关节炎，自己回家治疗，后来又作小生意，卖虾子，1963年陶经理叫回去，到现在灰沙工。

在1948年7月份药剂主任金文鑫、张夕钧介绍到南京市党部另时党员，他们填的盖章。组织没有参加，军医二阶司药（中尉）120多元（1945-1946）。

军医预备团司药班民国25年在沙口（49）学习了4个多月当助教（中尉，35块钱）。

[①] 因原文是审讯记录，此处不做任何纠正，保持原样。

10 年没有开

　王金　66.9.29.　　（签名）

以上是摘自 XXX（第 2 号凶手）在审问王金时在日记本的记录。

出身贩马，哥哥是贫农，48 岁。

上过小学，初中，是继父代大的。又当过学徒，又逃出来参加部队学员——助——调药剂——泥瓦匠助工。

爹水警巡官

附录9 隐类别分析法

许多抽象概念无法直接测量，我们用间接的办法进行测量。例如，虽然我们无法直接测量出一个人信仰宗教的程度，但是我们可以通过观察此人到教堂礼拜的次数、祷告的次数、向教会捐的金额、平时行为举止等等。这些可以观察得到的现象是此人宗教信仰的表现，当我们把礼拜次数、祷告次数、捐的金额、平时的行为举止作为指标的话，我们有理由相信这些指标的表现是受一个隐藏的因素的影响（McCutcheon，1987），我们可以用下图表示隐藏因素的关系：

附录图 9. 可测指标与隐藏因素间的关系

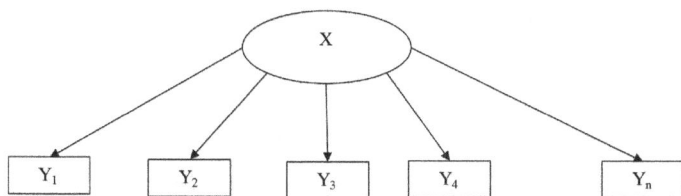

图中 X 是隐藏因素（不可直接观察到的隐变数），Y_1，Y_2，Y_3，Y_4，．．．．．Y_n 是可测指标（可以直接观察到的显变数）。早在 1950 年，就有学者（Lazarsfeld，1950；Gibson，1959；Lazarsfeld and Henry 1968）提出隐藏因素的设想。上世纪 70 年代，这方面的研究取得突破性进展（Goodman，1974,1975,1979）。上世纪 90 年代开始，在众多的学者努力下（如 Haberman，1979；Hagenaars，1990；Vermunt，1997；Collins and Lanza，2010），专门用于非数值数据的隐类别分析法走向成熟。由于电脑的飞速发展，隐类别分析法更加日臻完善。该分析方法可以用作许多用途，我们在这里只讨论其分类的用途。其基本思路如上图所示，各个可以观察到的指标（图中的方块）之间的变化完全受隐类（图中圆圈）影响。

　　隐类别分析的基本模型是多个显变数（即可以直接观察到的变数，如知青下乡期间的六种心态）和一个隐变数（即无法直接观察到的变数，如知青的心态类别）。显变数被认为是隐变数的表现。我们假设显变数分别为 Y_1，Y_2，Y_3，... Y_L，隐变数为 X，有 C 类。本书采用宾州州立大学研究方法中心提供的 SAS 隐类别分析软体插件进行分析计算（Lanza et al，2007）。

　　隐类别分析模型的基本概念是获得回答 y（即 1 或者 2）的概率（Vermunt and Magidson，2015）：$P(Y=y)$ 定义为：

$$P(Y = y) = \sum_{x=1}^{C} P(X = x)P(Y = y \mid X = x) \qquad (9.1)$$

　　其中，C 是隐类别数，$P(X=x)$ 是属于某类的人数比例。隐类别分析的一个假设是局部独立，即每一类之间独立，所以有：

$$P(Y = y \mid X = x) = \prod_{l=1}^{L} P(Y_l = y_l \mid X = x) \qquad (9.2)$$

结合公式 9.1 和公式 9.2 得：

$$P(Y = y) = \sum_{x=1}^{C} P(X = x)\prod_{l=1}^{L} P(Y_l = y_l \mid X = x) \qquad (9.3)$$

也有学者采用以下方式表示公式（Hagenaars，1990）：

$$\pi_{ijklt}^{Y_1Y_2Y_3Y_4} = \sum_{x=1}^{C} \pi_{ijklc}^{Y_1Y_2Y_3Y_4X} \qquad (9.4)$$

　　我们需要确定运动分为几类。隐类别分析模型对这一问题有比较成熟的统计指标，较常用的有 AIC（Akaike，1973），CAIC

（Haughton，1988；Bozdogan，1987），BIC（Schwartz，1978）和调整 BIC 或 BIC_{adj}（Sclove，1987）。它们各自的定义如下：

$$AIC = -2\log L + 2p \quad\quad\quad (9.5)$$

$$CAIC = -2\log L + p(\log(n)+1) \quad\quad\quad (9.6)$$

$$BIC = -2\log L + p\log(n) \quad\quad\quad (9.7)$$

$$BIC_{adj} = -2\log L + p\log(\frac{n+2}{24}) \quad\quad\quad (9.8)$$

其中，p 是自由度，n 是样本数量。有学者证明 BIC_{adj} 是选择隐类别数量的最有效的指标（Yang，2006）。

附录表 9.1. 中共建政以来各运动分类数据

运动名称	Z1	Z2	Z3	Z4	Z5	Z6	Z7
土改	N	Y	N	Y	Y	N	Y
镇反	N	Y	N	Y	Y	N	Y
抗美援朝	N	Y	N	Y	N	N	N
三反五反	N	Y	N	Y	Y	N	Y
反右	N	Y	N	Y	Y	N	Y
人民公社	Y	Y	N	Y	N	N	N
大跃进	N	Y	N	Y	N	N	N
四清	N	Y	N	Y	N	N	N
学雷锋	N	Y	N	Y	N	N	N
学大寨	N	Y	N	Y	N	N	N
学大庆	N	Y	N	Y	N	N	N
学解放军	N	Y	N	Y	N	N	N
上山下乡	N	Y	N	Y	Y	N	N
二月镇反	N	Y	N	N	Y	N	Y
清理阶级队伍	N	Y	N	Y	Y	N	Y

运动名称	Z1	Z2	Z3	Z4	Z5	Z6	Z7
一打三反	N	Y	N	Y	Y	N	Y
清查516	N	Y	N	Y	Y	N	Y
批林批孔	N	Y	N	Y	N	N	Y
批邓反击右倾翻案	N	Y	N	N	N	N	Y
五讲四美	N	Y	N	Y	N	N	N
反资产阶级自由化	N	Y	N	N	N	N	N
三讲	N	Y	N	Y	N	N	N
取缔法轮功	N	Y	N	Y	Y	N	Y
三个代表	N	Y	N	Y	N	N	N
科学发展观	N	Y	N	Y	N	N	N
和谐社会	N	Y	N	Y	N	N	N
保持先进性	N	Y	N	Y	N	N	N
社会主义荣辱观	N	Y	N	Y	N	N	N
创先争优	N	Y	N	Y	N	N	N
群众路线	N	Y	N	Y	N	N	N
全红总	Y	N	Y	N	N	Y	N
王金调查团	Y	N	Y	N	N	Y	N
文革群众运动	Y	N	Y	N	N	Y	N
知青大返城运动	Y	N	Y	N	N	Y	N
四五运动	Y	N	N	N	N	Y	N
八九民运	Y	N	Y	N	N	Y	N
民主墙	Y	N	N	N	N	Y	N
八六民运	Y	N	N	N	N	Y	N
美国黑人民权运动	Y	N	Y	N	N	Y	N

附录表9.2. 运动分类的隐类别统计指数表

类别	自由度	G^2	AIC	CAIC	BIC	BIC_{adj}
1	120	168.8	182.8	201.4	194.4	172.5
2	112	28.9	58.9	98.8	83.8	36.9
3	104	4.4	**50.4**	**111.6**	**88.6**	**16.7**
4	96	3.4	65.4	148.0	117.0	20.0

根据 AIC，CAIC，BIC 和 BIC_{adj}（表中粗体数字）综合考虑，运动分为三类较为合适。

附录 10. 省级群众组织的分类

附录 10.1. 各省级大派组织分类的数据

为了进行分类，我们将省级大派组织的数据转换为数值进行计算。"是"定为 1，"否"定为 0。以下是分类数据：

附录表 10.1. 各省级群众组织派别分类变量数据

编号	省份	派别简称	V1	V2	V3	V4	V5	V6
P1	安徽	安徽好派	0	1	1	1	0	0
P2	安徽	安徽 P 派	0	0	1	1	0	0
P3	北京	北京天派	0	0	1	1	1	0
P4	北京	北京地派	0	0	1	1	1	0
P5	北京	新北大公社	0	0	1	1	1	0
P6	北京	新北大公社井冈山	0	0	0	0	0	0
P7	北京	清华大学团派	0	0	1	1	1	0
P8	北京	清华大学四派	0	0	0	0	0	0
P9	福建	福建八.二九	0	0	1	1	1	1
P10	福建	福建革造会	0	1	1	0	0	1
P11	福建	福建四.二零革造会	0	1	0	0	0	0
P12	甘肃	甘肃红三司	0	0	1	1	1	0
P13	甘肃	甘肃红联	0	0	0	0	0	1
P14	甘肃	甘肃革联	1	0	0	0	0	1
P15	广东	广东旗派	0	1	1	1	0	0
P16	广东	广东总派（东风派）	1	0	1	1	1	0
P17	广西	广西四.二二	0	1	1	1	0	1
P18	广西	广西联指	1	0	1	1	0	1
P19	贵州	贵州四.一一	0	0	1	0	0	0
P20	贵州	贵州支红派	0	0	1	1	1	0
P21	贵州	贵州红卫军	0	1	0	0	0	0
P22	河北	河北保定工总	0	1	1	1	0	1
P23	河北	河北保定工筹	1	0	1	1	0	1
P24	河北	河北石家庄反军派	0	1	0	0	0	0

编号	省份	派别简称	V1	V2	V3	V4	V5	V6
P25	河北	河北石家庄拥军派	0	0	1	0	0	1
P26	河南	河南二七公社	0	1	1	1	1	0
P27	河南	河南河造总	0	0	1	0	0	1
P28	河南	河南十大总部	1	0	0	0	0	1
P29	黑龙江	黑龙江捍联总	0	0	1	1	1	0
P30	黑龙江	黑龙江炮轰派	0	0	1	0	0	0
P31	湖北	湖北钢派	0	1	1	1	0	0
P32	湖北	湖北新派	0	0	1	1	0	0
P33	湖北	湖北百万雄师	1	0	0	0	0	1
P34	湖南	湖南湘江风雷	0	1	1	1	0	0
P35	湖南	湖南工联	0	0	1	1	0	0
P36	湖南	湖南高司	0	0	0	0	0	1
P37	吉林	吉林红二派	0	0	1	1	0	1
P38	吉林	吉林公社派	1	1	0	0	0	0
P39	江苏	江苏好派	0	1	1	1	1	0
P40	江苏	江苏P派	0	0	1	1	0	0
P41	江西	江西大联筹	0	1	1	1	1	0
P42	江西	江西联络总站	1	0	0	0	0	1
P43	辽宁	辽宁八.三一	0	1	1	1	1	0
P44	辽宁	辽宁辽联	0	0	1	0	0	1
P45	辽宁	辽宁辽革	0	0	1	0	1	0
P46	内蒙	内蒙呼三司	0	1	1	1	1	0
P47	内蒙	内蒙红、工、无	1	0	0	0	0	1
P48	宁夏	宁夏总指挥部	0	1	1	0	0	1
P49	宁夏	宁夏总司	0	0	1	0	0	1
P50	宁夏	宁夏三司	0	0	1	0	0	0
P51	宁夏	宁夏筹革造	1	0	1	0	0	1
P52	青海	青海八.一八	0	1	1	1	0	1
P53	青海	青海捍卫队	1	0	0	0	0	1
P54	山东	山东四二八	0	0	1	1	1	0
P55	山东	山东四二二	0	0	1	0	0	0
P56	山西	山西红总站	0	0	1	1	1	0
P57	山西	山西红联站	0	0	1	0	0	1
P58	陕西	陕西东派	0	0	1	1	0	1
P59	陕西	陕西西派	0	1	1	1	0	0

编号	省份	派别简称	V1	V2	V3	V4	V5	V6
P60	上海	上海工总司	0	0	1	1	1	0
P61	上海	上海红革会	0	0	0	0	0	0
P62	上海	上海支联站	0	0	0	0	0	0
P63	成都	四川成都八.二六	0	1	1	1	1	0
P64	成都	四川成都红成	0	0	1	0	0	0
P65	成都	四川成都产业军	1	0	0	0	0	0
P66	重庆	四川重庆八.一五	0	0	1	1	0	1
P67	重庆	四川重庆反到底	0	1	1	1	1	0
P68	西藏	西藏造总	0	1	1	1	0	1
P69	西藏	西藏大联指	1	0	1	0	0	0
P70	新疆	新疆三新派	0	0	1	1	1	0
P71	新疆	新疆三促派	1	0	1	0	0	1
P72	云南	云南八派	0	1	1	0	1	0
P73	云南	云南炮派	0	0	1	0	0	1
P74	浙江	浙江省联总	0	0	1	1	1	0
P75	浙江	浙江红暴会	0	0	1	0	0	1
P76	天津	天津大联筹	0	0	0	0	0	0
P77	天津	天津五代会	0	0	1	1	1	0

我们对省级大派组织六大分类指标的数值进行统计分析，发现一些规律，提出以下分类方案：首先，如果省级的派别组织是文革初期的保守派，或改头换面，或其成员主要来自文革初期的保守派（即 V1 记为"1"），分类为"保守派"。其次，其余的派别中如果受军队压制和打击（特别是"二月镇反"中的受害者，即 V2 记为"1"），则分类为"激进派"。因为按照徐友渔（1999b）的说法，"在 1967 年的'二月镇反'中，遭到军队镇压的肯定是造反派（虽然反之不一定成立）"。第三，对其余的派别进行得分计算，具体公式如下：

$$W = V3 + V4 + V5 - V6 \qquad (10.1)$$

指标 V3 表示该派是否进入省革会常委，V4 表示该派文革后常委是否受整肃，V5 表示该派组织的支持者文革后是否受整。这三个指标均表示该派组织的造反倾向。大多数省级造反派，势力强大的进入省革会任常委，文革后受整，其支持者也在文革后遭殃。指标V6则表示保守派倾向。保守派的支持者在文革后大多复出重掌大权。因此一个派别可能的最高得分是3，可能的最低得分是-1。得分最高者（3分）定为"激进派"，得分最低者（-1分）定为"保守派"，得分居中者（0～2分）定为"温和派"。把造反派分为"激进派"和"温和派"，是因为文革中不仅存在保守派与造反派之间的斗争，而且存在造反派内部的斗争。这一斗争延续的时间更长，斗争更激烈、更广泛。

附录表 10.2. 派别组织分类

编号	分类	标准	成员举例
1	保守派	V1=1 W=-1	广西联指、河北十大总部、吉林二社、内蒙捍卫兵、四川重庆产业军、新疆三筹、湖南高司
2	激进派	V2=1 W=3	河南二七公社、湖南湘江风雷、江苏好派、青海八一八、四川重庆反到底、清华大学团派
3	温和派	W=0, 1, 2	安徽P派、湖南工联、黑龙江炮轰派、四川成都红成、清华大学四派、浙江红暴

第一类是保守派或保守派的变种（即V1=1），如"湖北百万雄师"、"广东东风派"、"广西联指"、"河南十大总部"等，也有W=-1的"湖南高司"和"甘肃红联"。"湖南高司"原为造反派，但后来与造反派分裂而转变立场，趋向保守。原为造反派的"甘肃红联"反对分裂出去的"红三司"，竟与保守派"甘肃革联"联手。

第二类是较激进的造反派。此类派别大多为"二月镇反"的受害者，如著名的"河南二.七公社派"、"湖北钢派"、"湖南湘江风雷派"、"辽宁八.三一派"、"广东旗派"等。"广西四.二二派"、"河南石家庄反军派"和"陕西东派"虽然没有在1967年初受到军方的镇压，但因为反对军方受到打击，所以V2=1。激进派中还一些派别，是W=3的组织。它们的代表进入省革会任常委

（或实际掌权），文革后主要成员受到整肃，它们的支持者也受整，如"甘肃红三司"、"天津五代会"、"新北大公社"等。

第三类类是较温和的造反派。它们是W得分为0至2的派别组织，如得2分的"安徽P派"、"福建八.二九"、"湖北新派"、"湖南工联"，W=1分的"江苏P派"、"贵州四.——"，和W=0分的"清华大学四派"、"浙江红暴"等。温和派与激进派相比，只是造反的程度不同。例如，"清华大学团派"属于激进派，其对立派"清华大学四派"则属于温和派。前者坚持"黑线主导论"，认为文革前17年的教育路线是一条黑线，应该彻底否定。后者则坚持"红线主导论"，认为文革前17年还是在毛的领导下，不应完全否定。尽管它们在如何对待文革前的形势看法上有分歧，但两者对清华大学党委、对蒋南翔均持否定态度。

附录 11. 问卷调查

附录 11.1. 问卷调查表

关于民众在文革中参加群众组织情况的问卷调查

1.文革时，您（或亲友）所在的省、市/地区（如北京、江苏）

　　————————————————

2.您（或亲友）的出生年份

　　————————————————

3.您（或亲友）的性别

　　　　男　　　　　　　　女

4.您（或亲友）的家庭出身

　　A 革命干部/革命军人

　　B 工人/贫下中农

　　C 职员/小业主/知识分子

　　D 黑五类（地、富、反、坏、右等）

　　其他 ————————————

5.您（或亲友）的政治面貌

　　A 党、团员、积极分子

　　B 一般群众

　　C 黑五类

　　D 其他

6.您（或亲友）文革开始时的职业

　　A 中学生

　　B 大学生（包括军队院校）

　　C 工人

　　D 下乡知青

　　E 农村的农民

　　F 干部或科员

G 无业人员

其他 _____

7.您（或亲友）参加群众组织的情况（多选）

    A 未参加过群众组织

    B 文革初期参加过保守派组织（如赤卫队、黑字兵等）

    C 参加过群众造反组织

    D 其他 _____

8.您（或亲友）参加的群众造反组织属于社会上的哪一大派？（如江苏的 P 派、好派；湖北的钢派、新派；重庆的八一五派和反到底派） _____

9.您（或亲友）参加群众造反组织的原因（多选）

    A 争取改变政治处境

    B 争取个人经济权利

    C 对当权派不满

    D 同情受打压者

    E 响应毛的号召

    F 受同事亲朋好友影响

    G 其他_____

10.您（或亲友）因为参加群众组织后来受到审查、处理？

    是 否　　其他 _____

附录 11.2.　问卷调查受访者的年龄问题

问卷调查在年龄上出现一些问题。例如，第 746 号受访者来自四川省的重庆市，1972 年出生，男，家庭出身灰五类，本人政治面貌一般群众，文革开始时职业是中学生，参加过群众组织，是四川"重庆反到底"成员，参加的原因是响应毛的号召，文革后未受整肃。很显然，出生年份有误。因为 1972 年出生时，群众组织早已解散不复存在，不可能参加文革中的群众组织。鉴于这一情况，我们决定将第六个问题（即文革开始时的职业）作为参考依据。凡是回答为中学生、大学生、工人、干部/职员/教师、农民、下乡知青、无业人员、军人等的受访者，一律视为符合年龄条件。如果是小学生，则根据出生年份，不得晚于 1954 年。

附录 12. 家庭出身与派别不明者的分析

表 11.1. 列出保守派与造反派对峙的省份家庭出身与派别选择的关系。在这些省份中，有 67 位受访者的派别选择不明。他们中有 60 人无法确认属于哪一个省级大派组织。另有七人则未填写家庭出身。省级组织派别明确和不明确的受访者与家庭出身的分布如下：

附录表 12.1. 保造对峙的省份派别和家庭出身的关系

派别	革命家庭	工农家庭	灰类家庭	黑类家庭	合计
明确者	14（48.3%）	28（56.9%）	27（64.3%）	20（64.5%）	89
不明确者	15（51.7%）	19（40.0%）	15（35.7%）	11（35.5%）	60
合计	29	47	42	31	149

如上表所示，派别不明者占各类出身的 36~52% 之间，家庭出身与派别是否明确没有显著差别（Fisher 精确测试 P 值 =0.5478）。所以有理由相信，60 位派别不明者属于随机现象，没有系统性的偏差，不会影响表 10.1. 的分析结果。

表 11.2. 列出造反派内讧的省份家庭出身与派别选择的关系。有 355 人派别不明，另有 46 人家庭出身未填写，共有 401 人情况不明。由于人数较多，需要进一步分析。派别明确和不明确的受访者与家庭出身的分布如下：

附录表 12.2. 造反派内斗省派别和家庭出身的关系

派别	革命家庭	工农家庭	灰类家庭	黑类家庭	合计
激进、温和	66 (37.5%)	98 (45.6%)	182 (68.2%)	71 (62.3%)	417
其他	110 (62.5%)	117 (54.4%)	85 (31.8%)	43 (37.7%)	355
合计	176	215	267	114	772

上表显示，派别不明者的不同出身之间有较大的差别。革军革干子弟和工农子弟，分别有 63% 和 54% 属于派别不明者，灰五类子

弟和黑五类子弟却分别只有 32% 和 38%。红五类子弟的派别不明者大大多于非红五类子弟。家庭出身与是否属于激进派或温和派有显著的差别（x^2 P 值<0.001）。

在 355 人中，有 47 人参加的组织填写为"保守派"，或者组织属于保守派（如湖南的"高司"、"联动"）。显然这些人属于保守派，不属于造反派的内斗。余下的 308 人中，80 人填写了派别组织，但无法确定属于哪一派省级组织，（如"安徽九二九"、"湖南井冈山"、"山东反到底"等），228 人则没有填写派别组织。下表是 308 人派别不明者与保守派的家庭出身分布：

附录表 12.2. 造反派内斗省派别和家庭出身的关系

派别	革命家庭	工农家庭	灰类家庭	黑类家庭	合计
保守派	19 (17.3%)	16 (13.7%)	8 (9.4%)	4 (9.3%)	47
派别不明	91 (82.7%)	101 (86.3%)	77 (90.6%)	39 (90.7%)	308
合计	110	117	85	43	355

如上表所示，派别不明者与保守派的家庭出身分布相差不大（x^2 P 值=0.3559）。这种情况也许可以从南京师范学院附中的红卫兵组织得到解释。该校曾出现过五个红卫兵组织，最后成为两大派："造反军"和"红联"。前者并未与社会上的大派组织结盟（乔晞华，2020）。此处的派别不明者，很有可能与南京师范学院附中的"造反军"相似。所以有理由相信，这些派别不明者属于随机现象，没有系统性的偏差。

附录13. 对数回归模型

附录13.1. 对数回归模型（Logistic Regression）

为了使对统计不太熟悉的读者能够理解，我们尽量用通俗易懂语言，因此这里的解释可能会显得不够专业。首先介绍线性回归模型（Liner Regression Model）。距离、速度和时间的关系如下：

$$距离 = 速度*时间 \qquad (13.1)$$

等号左边的是因变量，随着等号右边的自变量速度和时间的变化而变化。只要知道速度和时间，就可以行驶的距离。把上述方法运用到社会科学中，可以分析、解释和推测很多社会现象，如个人收入（元/月）与一个人的教育（年）、工作年限和性别的关系。假设观察发现它们之间的关系是：

$$收入= 200元*教育 + 300元*工作年限 + 100*男性 \qquad (13.2)$$

这就是说，一个人每多读一年书，他的月收入可以多挣200元；他每工作一年，收入可以多300元。假如有一个人，读了12年书，工作了五年，按照收集的情况，他的月收入大致在3900元左右。公式6中有一项是性别。如果是男性，每月的收入可以再加100元。社会科学（如经济学、心理学、社会学）试图从收集的数据，得出总结性的分析和推测。这就是所谓的线性回归模型。

在公式中，除了男性一个变量外，其他的变量都是连续性的函数，即数字可以从负无穷大（或从零）到正无穷大，中间没有断点。例如，教育年限可以从0（未读过书）到20多年（读博士）之间的任何一个数。工作年限的范围则更大，可以从0到40多年，即18岁（甚至更小）开始工作，直至55或60岁退休之间的任何一点。

性别是另一种形式的数据，只有男和女，不是用数字来表达的。此类变量还有很多，如人们的职业（如工人、农民、教师、干部等）。这些变量是无法用数字来表达的，此类数据叫作类别式数据。它们必须经过特殊处理，才能放入统计模型中进行计算。在线性回归中，未知的模型参数是通过数据估计出来的。

公式 5 和 6 的左边都是连续函数。如果公式的左边是类别型数据，一般的线性回归模型就不适用了，必须用另外一类模型。这就是我们要介绍的对数回归模型。Logistic Regression Model 常被译为逻辑回归模型（也译为"分类评定模型"或"评定模型"）。根据模型的原意，其实是用对数计算比值比（Odds Ratio），与逻辑并无直接的关系。该英文词可以译为"逻辑的"，也可以译为"对数的"，所以译为"对数模型"更符合原意。

对数回归模型是一种特殊的线性回归，与线性回归模型有很多相同之处。它们的模型形式基本上相同，区别在于它们的因变量不同。线性回归模型的因变量一般是连续函数，对数回归模型的因变量一般是二分类的（当然也可以是多分类的），如"是"或"非"，"同意"或"不同意"，"通过"或"不通过"等。对数回归模型中，我们不像在一般回归模型中计算因变量的具体数值，而是计算其发生的概率 p。比值的计算是：p/（1-p）。以下是对数回归模型的一般表达式：

$$\ln(\frac{p}{1-p}) = \beta_0 + \beta_1 x_1 + \beta_2 x_2 + \beta_3 x_3 + ... + \beta_n x_n \quad (13.3)$$

由于对数回归模型的计算涉及较深的统计知识，此处不赘。

附录 13.2. 对数回归模型的结果

对数回归的计算结果有两种：一是参数，二是比值比。参数的解释比较直观，但是较抽象，不容易理解。参数可以从负无穷大到正无穷大。如果是负数，则表示该变量的影响小于另一个对比的类别（通常称为"参考类"）。如果是正数，则表示变量的影响比参考类大。举个具体例子来说明这一问题。假设因变量是"参加群众组织与否"，自变量是"红五类"，它的对应的参考类别是黑五类。如果红五类的参数是正的，则表示红五类比黑五类更有可能参加群众组织。如果是负的，则表示相对于黑五类，红五类更可能成为逍遥派。

虽然这样的理解比较直观，但如果需要分析到底有多大差别，参数很难给出直观的结果，所以一般用比值比来解释。比值比也叫作机会比、优势比、交叉乘积比、相对比值、两个比值的比。比值表示两数相比所得的值。例如，某个食谱要求面粉与水的重量比例是 1:4，也就是说，加 1 份重量的面粉和 4 份重量的水。其实比值与百分比是可以互换的。上述例子可以用百分比来表示：面粉占 20%（1/(1+4)），水占 80%（4/(1+4)）。在统计人口时，人们也会用到比值。例如，据国家统计局公布的数据，2014 年末，80 后非婚人口男女比例为 136:100。换言之，80 后非婚人口中，男性占到 57.6%（136/[136+100]），女性占 42.4%（100/[136+100]）。

如上所述，比值比与百分比有密切的关系。它们是可以互换的，可以推算出来。这里举一个例子来说明其意义。假设有以下一组数据：

附录表 13. 假设的家庭出身与派别选择情况

	红五类出身	黑五类出身
保守派	80	30
造反派	20	150

红五类子弟参加保守派与造反派的比是 80:20（即 4:1，比值是 4）。可以这样说，红五类子弟中，每 4 人参加保守派，只有 1 人参加造反派（这也意味着红五类子弟有 80%的人参加保守派）。红五类子弟参加保守派的可能性，是参加造反派的可能性的 4 倍。黑五类子弟参加保守派与造反派之比是 30:150（即 1:5，比值是 1/5 或 0.2）。换言之，黑五类子弟中，每有 1 人参加保守派，就

有 5 人参加造反派（这也意味着黑五类子弟中只有 16.7%的人参加保守派）。黑五类子弟参加保守派的可能，是参加造反派的可能的 1/5。比值可以从 0 到无穷大，大于 1 表示可能性大。如前例中红五类子弟参加保守派与参加造反派的比值是 5，说明红五类子弟更倾向于参加保守派。小于 1 则表示可能性小。例如黑五类子弟参加保守派与参加造反派的比值是 0.2（即 1/5），说明黑五类子弟更倾向于参加造反派。

两个比值的比叫作比值比。上例中，红五类子弟参加保守派与造反派的比值与黑五类子弟参加保守派与造反派的比值之比是 （4:1）/（1:5）=20，就是说相对于参加造反派，红五类子弟参加保守派的可能是黑五类子弟参加保守派可能的 20 倍。由于在日常生活中用比值比的情况不太多，所以使用起来比较别扭。

参考资料

英文部分

Aberle, David. 1966. *The Peyote Religion Among the Navaho*. Chicago: Aldine.

Akaike, Hirotugu. 1973 "Information Theory and an Extension of the Maximum Likelihood Principle". *Second International Symposium on Information Theory*, ed., by Petrov, B. N., Csaki, F. Akademiai Kiado, Budapest, pp. 267-281.

Andreas, Joel. 2002. "Battling over Political and Cultural Power during the Chinese Cultural Revolution". *Theory and Society,* (Kluwer Academic Publishers), pp. 463-519.

Barrett, Kimberty and Lynch, Michael J.. 2015. "Social Justice and Criminal Justice." *International Encyclopedia of the Social & Behavioral Science*, ed., by James Wright. 2nd, Volume 22.

Bateson, Gregory. 1972. *Steps to an ecology of mind: Collected essays in anthropology, psychology, evolution and epistemology*. San Francisco, CA: Chandler.

Benton, Gregor. 2010. "Dissent and the Chinese Communists before and since the Post-Mao Reforms". *International Journal of China Studies*, Vol. 1, No. 2, (October 2010), pp. 311-329.

Bozdogan, H. 1987. "Model Selection and Akaike's Information Criterion (AIC): The General Theory and its Analytic Extension". *Psychometrika*, 52.

Brandauer, Frederick. 1990. "Violence and Buddhist Idealism in the Xiyou Novels". *Violence in China: Essays in Culture and Counterculture*, ed., by Lipman, Jonathan N., and Harrell, Stevan. Albany, New York: State University of New York Press, pp. 115-148.

Chan, Anita, Rosen, Stanley, and Unger, Jonathan. 1980. "Students and Class Warfare: The Social Roots of the Red Guard Conflict in Guangzhou (Canton)." *The China Quarterly*, No. 83, pp. 397-446.

Chan, Anita. 1992. "Dispelling Misconceptions about the Red Guard Movement: The Necessity to Re-Examine Cultural Revolution Factionalism and Periodization". *Journal of Contemporary China*, 1992, Volume 1, Issue 1, pp. 61-85.

Collins, L. M., Fidler, P. L., Wugalter, S. E., J. D. 1993. "Goodness-of-fit Testing for Latent Class Models". *Multivariate Behavioral Research*, 28(3), pp. 375-389.

Collins, Linda M., Lanza, Stephanie T. 2010. *Latent Class and Latent Transition Analysis for the Social, Behavioral, and Health Sciences.* New York: Wiley.

Cox, Laurence and Nilsen, Alf Gunvald. 2005. "At the Heart of Society Burns the Fire of Social Movements: What Would a Marxist Theory of Social Movements Look Like?", *Tenth International Conference on Alternative Futures and Popular Protest*, ed., by Barker, Colin and Tydesley, Mike, Manchester Metropolitan University, p. 1. http://eprints.nuim.ie/460/.

Defay, Jason Bradley. 1999. *The Sociology of Social Movements.* UCSD. http://www.weber.ucsd.edu/~jdefey/sm.htm.

Dong Guoqiang and Walder, Andew W. 2011. "Local Politics in the Chinese Cultural Revolution: Nanjing Under Military Control." *The Journal of Asian Studies*, Vol. 70. No. 2 (May), pp. 425-447.

Dong, Guoqiang and Walder, Andrew W. 2001. "Factions in a Bureaucratic Setting: The Origins of Cultural Revolution in Nanjing." *The China Journal*, No. 65, pp. 1-26.

Drury, John. 2015. "Social Movements: A Social Psychological Perspective." *International Encyclopedia of the Social & Behavioral Science*, ed., James Wright, 2nd, Volume 22.

Edwards, Gemma. 2014. *Social Movements and Protest.* New York: Cambridge University Press.

Ferree, Myra M and Merill, David A. 2000. "Hot Movements, Cold Cognition: Thinking about Social Movements in Gendered Frames." *Contemporary Sociology*, 29(3), pp. 454-462.

Forster, Keith. 1990. *Rebellion and Factionalism in a Chinese Province: Zhejiang, 1966-1976.* Armonk: ME: Sharpe.

Gamson, W. A. and Modigliani, A. 1989. "Media Discourse and Public Opinion on Uncelarpower: A Constructionist Approach." *American Journal of Sociology*, 95, 1, pp. 1-37.

Gibson, W.A. 1959. "Three Multivariate Models: Factor Analysis, Latent Structure Analysis, and Latent Prole Analysis". *Psychometrika* 24, pp. 229-252.

Goodman, Leo A . 1974. "The analysis of Systems of Qualitative Variables when Some of the Variables are Unobservable. Part I: A Modified Latent Structure Approach". *American Journal of Sociology*, 79, pp. 1179-1259.

Goodman, Leo A . 1974. "Exporatory Latent Structure Analysis Using Both Identifiable and Unidentifiable Models", *Biometrika*, 61, pp. 215-231.

Goodman, Leo A . 1975. "A New Model for Scaling Response Patterns: An An Application of the Quasi-Independence Concept", *Journal of the American Statistical Association*, 70, pp. 755-768.

Goodman, Leo A . 1979. "On the Estimation of Parameters in Latent Structure Analysis", *Psychometrika*, 44, pp. 123-128.

Haberman, Shelby J. 1979. "Analysis of Qualitative Data", Vol 2, *New Developments*. New York: Academic Press.

Habermas, Jurgen. 1987. *The Theory of Communication Action*, 2 Vols. Vol. II. Cambridge: Polity Press.

Hagenaars, Jacques A. 1990. *Categorical Longitudinal Data: Log-Linear Panel, Trend, and Cohort Analysis*. Newbury Park, CA: Sage Publications, Inc.

Harrell, Stevan. 1990. "Introduction". *Violence in China: Essays in Culture and Counterculture*, ed., by Lipman, Jonathan N., and Harrell, Stevan. Albany, New York: State University of New York Press, p. 2.

Haughton, D. 1988. "On the Choice of a Model to Fit Data from an Exponential Family". *Annals Statistics*, 16, pp. 342-355.

Heilmann, Sebastian. 1996. *Turning Away from the Cultural Revolution: Political Grass-Roots Activism in the Mid-Seventies*. Center for Pacific Asia Studies at Stockholm University (September, 1996).

Jasper, James M. 1997. *The Art of Moral Protest: Culture, Biography, and Creativity in Social Movements*. University of Chicago Press.

Hinton, William. 1984. *Shenfan: The Continuing Revolution in a Chinese Village*. New York: Vintage Books, p. 521.

Jasper, James M. 2010. "Social Movement Theory Today: Toward a Theory of Action?" *Sociology Compass*, 4/11, pp. 965-976.

Killian, Lewis. 1964. "Social Movements". *Handbook of Modern Sociology*, ed., by Farris, Robert E. Chicago: Rand McNally, pp. 426-445.

Kurzman, Charles. 2004. *The Unthinkable Revolution in Iran*. Cambridge, MA: Harvard University Press.

Kurzman, Charles. 2008. "Meaning-Making in Social Movements". *Anthropological Quarterly*, Vol. 81, No. 1, pp. 5-16.

Lamley, Harry J. 1990. "Lineage Feuding in Southen Fujian and Eastern Guangdong under Qing Rule". *Violence in China: Essays in Culture and Counterculture*, ed., by Lipman, Jonathan N., and Harrell, Stevan. Albany, New York: State University of New York Press, pp. 27-64.

Lanza, S. T., Collins, L. M., Lemmon, D. R., and Schafer, J. L. 2007. "PROC LCA: A SAS Procedure for Latent Class Analysis". *Structural Equation Modeling*, 14 (4), pp. 671-694.

Lazarfeld, Paul. F. 1950. "The Logical and Mathematical Foundation of Latent Structure Analysis and the Interpretation and Mathematical foundation of Latent Structure Analysis". *Measurement and Prediction*, ed., by Stouffer, Samuel, Guttman, Louis, and Suchman, Edward. Princeton, NJ: Princeton University Press, pp. 362-472.

Lazarsfeld, Paul F., and Henry, Neil W. 1968. *Latent Structure Analysis*. Boston: Houghton Mill.

Le Bon, Gustave. 2001/1895. *The Crowd: A Study of the Popular Mind*. Kitchener, Ontario: Batoche Books.

Lee, Hong Yung. 1978. *The Politics of the Chinese Cultural Revolution: A Case Study*. Berkeley, CA: University of California Press.

Lipman, Jonathan N. 1990. "Ethnic Violence in Modern China: Hans and Huis in Gansu, 1781-1929". *Violence in China: Essays in Culture and Counterculture*, ed., by Lipman, Jonathan N., and Harrell, Stevan. Albany, New York: State University of New York Press, pp. 65-86.

Lorenz, Konrad. 1974. On Aggression, trans., by Wilson, Marjorie K.. San Diego, CA: Hartcourt Brace & Company.

Lu, Xiuyuan. 1994. "A Step toward Understanding Popular Violence in China's Cultural Revolution". *Pacific Affairs*, Vol. 67, No. 4, pp. 533-564.

Madsen, Richard. 1990. "The Politics of Revenge in Rural China during the Cultural Revolution". *Violence in China: Essays in Culture and Counterculture*, ed., by Lipman, Jonathan N., and Harrell, Stevan. Albany, New York: State University of New York Press, pp. 175-202.

Mahmoud, Abdesselem. 2015. "Social Movements in Tunisia and Egypt: A Tale of Two Revolutions." *International Journal of Social Science Studies*, Vol. 3, No. 3, pp 8-20.

McAdam, Douglas. 1982. *Political Process and the Development of Black Insurgency, 1930-1970*. Chicago,IL: Chicago University Press.

McCarthy, John D. and Zald, Mayer N. 1977. "Resource Mobilization and Social Movements: A Partial Theory." *American Journal of Sociology*, 82, pp. 1212-1241.

McCutcheon, Allan. 1987. *Latent Class Analysis*. Newbury, CA: Sage Publications, Inc.

McPhail, Clark. 1991. *The Myth of the Madding Crowd*. New York: Aldine de Gruyter.

Melucci, Alberto. 1980. "The New Social Movements: A Theoretical Approach." *Social Science Information*, Vol. 19 No. 2, pp. 199-226.

Morris, Aldon and Herring, Cedric. 1987. "Theory and Research in Social Movements: A Critical Review". *Annual Review of Political Science,* 2, pp. 137-198.

Parikh, Sunita and Cameron, Charles. 2000. "Riot Games: A Theory of Riots and Mass Political Violence". *The Wallace Institute Conference on Political Economy*, University of Rochester.

Perry, Elizabeth J. and Li, Xun. 1997. *Proletarian Power: Shanghai in the Cultural Revolution*. Boulder, CO: Westview Press.

Perry, Elizabeth J. 2001. "Challenging the Mandate of Heaven: Popular Protest in Modern China". *Critical Asian Studies*, 33(2), pp 163-180.

Porta, Donatella D. And Diani, Mario. 2006. *Social Movements: An Introduction*, 2nd ed. Malden, MA: Blackwell Publishing.

Reicher, Stephen, and Drury, John. 2015. "Collective Behavior, Social Psychology of." *International Encyclopedia of the Social & Behavioral Science*, ed., by James Wright, 2nd, Volume 4.

Schwartz, G. 1978. "Estimating the Dimension of a Model". *Annals Statistics*, 6, pp. 461-464.

Sclove, L. S. 1987. "Application of Model-Selection Criteria to Some Problems in Multivariate Analysis". *Psychometrika*, 52, pp. 333-343.

Smelser, Neil. 2015. "Collective Behavior, Sociology of." *International Encyclopedia of the Social & Behavioral Science*, ed., by James Wright. 2nd, Volume 4.

Snow, David. A. and Benford, Robert. D. 1992. "Master Frames and Cycles of Protest." *Frontiers in Social Movement Theory*, ed., by A. D. Moms and C. McClurg Mueller. New Haven, CT: Yale University Press.

Snow, David. A., Rochford, E. Burke Jr., Worden, Steven K., and Benford, Robert. D. 1986. "Frame Alignment Process, Micromoblization and Movement Participation." *American Sociological Review*, Vol. 51, No. 4, pp. 464-481.

Straus, Scott. 2012. "Retreating from the Brink: Theorizing Mass Violence and the Dynamics of Restraint". *Perspectives on Politics*, 10, No. 2, pp. 343-362.

Strauss, Julia. 2006. "Morality, Coercion and State Building by Campaign in the early PRC: Regime Consolidation and after 1949-1956". *The China Quarterly*, pp. 891-912.

Tarrow, Sidney. 1998. *Power in Movement*. Cambridge, New York: Cambridge University Press (First Published in 1994).

Thurston, Anne F. 1990. "Urban Violence during the Cultural Revolution: Who is to Blame?" *Violence in China: Essays in Culture and Counterculture*, ed., by Lipman, Jonathan N., and Harrell, Stevan. Albany, New York: State University of New York Press, pp. 149-174.

Tilly, Charles. 1984."Social Movements and National Politics". *State-*

making and Social Movements: Essays in History and Theory, ed., by Charles Bright and Susan Harding. Ann Arbor, MI: University of Michigan Press, pp. 297-317.

Turner, Ralph and Killian, Lewis. 1972. *Collective Behavior,* 2nd ed., Englewood Cliffs, NJ: Prentice-Hall.

Unger, Jonathan. 2007. "The Cultural Revolution at the Grass Roots." *The China Journal*, No. 57 (January 2007), pp. 109-137

Unger, Jonathan. 2016. "Grassroots Factionalism in China's Cultural Revolution: Rethinking the Paradigms." *Notes from a roundtable at the Annual Meeting of the Association for Asian Studies, Seattle March 2016.*

Vermunt, Jeroen K. 1997. *Log-linear Models for Event Histories.* Thousand Oaks, CA: Sage Publications.

Vermunt, Jeroen K., and Magidson, Jay. *Latent Class Analysis.* March 18, 2015 retrieved from http://www.statisticalinnovations.com/articles/Latclass.pdf.

Walder, Andrew. 2006. "Factional Conflict at Beijing University, 1966-1968". *China Quarterly*, 188(I), pp. 1023-1047.

Walder, Andrew. 2009. *Fractured Rebellion: The Beijing Red Guard Movement.* MA: Cambridge, Harvard University Press.

Walder, Andrew. 2016. "Grassroots Factionalism in China's Cultural Revolution: Rethinking the Paradigms." *Notes from a roundtable at the Annual Meeting of the Association for Asian Studies, Seattle March 2016.*

White, Lynn T.. 1989. *Politics of Chaos: The Organizational Causes of Violence in China's Cultural Revolution.* Princeton, NJ: Princeton University Press.

Wilson, John. 1973. *Introduction to Social Movements.* New York: Basic Books Inc.

Yang, Chih-Chien. 2006. "Evaluating Latent Class Analysis Models in Qualitative Phenotype Identification". *Computational Statistics & Data Analysis*, 50(2006), pp. 1090-1104.

Zhang, Joshua and Wright, James. 2018. *Violence, Periodization and Definition of the Cultural Revolution: A Case Study of the Two Deaths by the Red Guards.* Boston, MA: Brill.

中文部分

阿陀。2013 年。"文革的十年，武斗的十年——为纪念文革四十七周年而作"。华夏知青网：http://www.hxzq.net/

卜伟华。2000。"文化大革命中北京'天派'、'地派'的一些特点"。《中共党史研究》，第 3 期。

卜伟华。2009 年。"关于文革史研究的几个问题"。《华夏文摘增刊》第 724、727 期。

卜伟华。2014 年。"把史实搞清楚是最重要的"。《记忆》第 106 期（2014 年 1 月 15 日）。

陈子明。2006 年/2014 年。"文革：一场游戏一场梦——兼与'人民文革'说商榷"。《今天》第 74 期 2006 年（秋季号）。《昨天》第 28 期 2014 年 1 月。

丁学良。2013 年。"'文化大革命'就是形形色色的人相互报复的革命"。《革命与反革命追忆：从文革到重庆模式》。台湾联经出版社，第 170-194 页。

董国强。2009。"亲历文革：十四位南京大学师生的口述历史"。《记忆》16-18 期。

董国强。2012。"社会史视野下的'文化大革命'研究"。《中共党史研究》2012 年第二期。

董国强，Andrew Walder。2012。"1974：南京的第二次文化大革命"。《昨天》第 12 期。

杜钧福。2013 年。"文革造反派的市民背景和知识背景"。《共识网》（2013 年 3 月 19 日）。

杜钧福。2014 年。"陈小鲁的道歉不能洗清西纠的罪恶"。《华夏文摘增刊》第 926 期。

冯敬兰、刘进、宋彬彬、于羚、叶维丽。2010。"也谈卞仲耘之死"。《记忆》第 47 期

冯翔。2014 年。"王晶垚：'我，没有忘记历史'"。《南方周末》（2014 年 3 月 13 日）。

冯翔。2014 年。"宋彬彬的符号人生"。《南方周末》（2014 年 3 月 13 日）。

关向光。2006 年。"文革再认识"。《展望与探索》（2006 年 6 月）4:6 期，第 7-11 页。

何蜀。2007 年。"论造反派"。《文化大革命——历史真相和集体记忆》。宋永毅主编。香港：田园书屋，第 492 页。

胡甫臣。2014 年。"对建国后历次政治运动的认识"。《共识网》（2014 年 9 月 28 日）。

华新民。2014 年。"卞仲耘命案争论拾遗"。《华夏文摘增刊》第 956 期。

金春明。1995 年。《"文化大革命"史稿》。成都：四川人民出版

社。

金春明。1998 年。"'两个文革说'与'文化大革命'的定性研究"。《中共党史研究》1998 年第 2 期。

柯德远。2011 年。"忆查全华君"。《地方文革史交流网》。http://www.difangwenge.org/read.php?tid=6321

蒯大富。2014。"蒯大富的三十六条权经"。启之编著。《水木风雨：北京清华大学文革史》。台湾：独立作家出版社。

郎钧。2012 年。"仉视王晶垚－宋彬彬对簿历史的公堂－《宋彬彬谈话纪要》的解读及其它"。《北京之春》（2012 年 8 月号）。

雷一宁。2012 年。"为什么当年北京最出色的女校学生会做出如此伤天害理的事情？"《华夏文摘增刊》第 858、860 期。

李辉。2003 年。"红卫兵：从母爱教育的失落开始"。《粤海风》2003 年第六期。

刘国凯。1997。"三年文革与两条线索"。《中国之春》第 2 期。

刘国凯。2006a。《人民文革论》。香港：博大出版社。

刘国凯。2006b。"论人民文革——为文革四十周年而作"。《北京之春》第 152 期。

刘晓波。2001 年。"从娃娃抓起的残忍——为文革 35 年而作"。《民主中国》2001 年 4 月号。

刘仰。2011 年。"文革——一个还是两个，这是一个问题"。《共识网》（2011 年 11 月 3 日）。

麦克法夸尔、沈迈克。2008 年。《毛泽东的最后革命》网路下载版。

启之。2013 年。《故事不是历史：文革的纪实与书写》。要有光出版社。

启之。2014 年。"宋彬彬道歉之后"。《记忆》第 112 期。

乔晞华、张程。2013 年。《西方社会学面面观》。北京：人民日报出版社。

乔晞华、张程。2014。《傲慢与偏差——66 个有趣的社会问题》。北京：新华出版社。

乔晞华。2015。《既非一个文革，也非两个文革：南外红卫兵打死工人王金事件个案分析》。台湾：博客思出版社。

乔晞华。2018。"乌合之众论的破产"。《记忆》第 211 期。

乔晞华、Philip Monte、James Wright。2020。《文革群众运动的动员、分裂和灭亡：以社会运动学视角》。美国华忆出版社。

乔晞华。2021。《上山下乡与大返城：以社会运动学视角》。美国华忆出版社。

任毅。1998 年。《生死悲歌：〈知青之歌〉冤狱始末》。北京：中国社会科学出版社。

宋永毅。2002 年。"'文革'中的暴力与大屠杀"。《当代中国研究》2002 年第 3 期。

苏阳。2006 年。"'文革'中的集体屠杀：三省研究"。《当代中国研究》2006 年第 3 期。

唐少杰。2000。"文化大革命初期群众组织取向的个案评析"。《中共党史研究》，第 1 期。

王绍光。1993。《理性与疯狂：文化大革命中的群众》。香港：牛津大学出版社

王希哲。1981 年。"毛泽东与文化大革命"。《七十年代月刊》（1981 年 2 月刊）。

王友琴。1988。"女性的野蛮"。《女博士生校园随笔》。北京：北京出版社。

王友琴。1995。"1966：学生打老师的革命"。《二十一世纪双月刊》8 月号。

王友琴。2004 年。《文革受难者：关于迫害、监禁和杀戮的寻访实录》（电子版），第 596 页。http://www.chinese-memorial.org/

王友琴。2010 年。"'带了个好头'：红卫兵道歉"。《南方周末》2010 年 10 月 22 日。

王友琴。2014 年。"回应宋彬彬等"。《共识网》（2014-3-25）。

王友琴。2015。"暴力性"斗争会"的最早的受难者：李敬仪和吴天石之死"。2015 年下载自 http://hum.uchicago.edu/faculty/ywang/history/LiJingYi.htm

王芳。2008。《记忆中的底层文革：关于文革时期武汉"钢工总"的口述历史研究》。武汉理工大学硕士学位论文。

王芳。2016. "文革中的工人派系政治——以沪、汉两地为例（1966-1967）"。《文革五十年：毛泽东遗产和当代中国》。宋永毅主编。纽约：明镜出版社。

席宣、金春明。1996/2005 年。《"文化大革命"简史》北京：中共党史出版社。

喜东。1996 年。"'十年文革'，还是两年文革？"《华夏文摘增刊》（1996 年 4 月）第 84 期。

喜东。1996 年。"两个文革，还是一个文革？"。《华夏文摘增刊》第 83 期。

夏瑛。2014。"从边缘到主流：集体行动框架与文化情境"。《社会》第 34 卷。

向前。2012 年。"政治身份体系下的社会冲突：文革初期群众行为的社会根源"。《记忆》第 85 期。

徐贲。2004 年。"文革政治文化中的恐惧和暴力"。《爱思想网》2004-8-7。

徐贲。2010 年。"'人民文革'和中国'群众'"。《纵览中国》（2010 年 2 月 18 日）。

徐海亮。2005。《东湖风云录——武汉文革的群众记忆》。香港：香港银河出版社。

徐友渔。1996 年。"关于'两个文革'说"。《中国研究》。日本（1996 年 8 月），第 17 期。

徐友渔。1999 年。《形形色色的造反》。香港：香港中文大学出版社。

徐友渔。2000 年。"忏悔是绝对必要的"。《华夏文摘增刊》第 224 期。

徐友渔。2014 年。"文革只有宋彬彬们道歉不够"。《腾讯文化》2014 年 1 月 15 日。

杨继绳。2016。《天地翻覆——中国文化大革命历史》。香港：天地图书。

叶长青。2018。"文革中的群众组织之概况（湖南长沙篇）"。2018 年下载自 http://www.jznu.edu.cn/page/depart/lsx/wenge/difang/difang-htm/hunan007.htm。

叶青。2004。"文革时期红卫兵组织之特征——以福建红卫兵组织为个案的分析"。福建师范大学学报（哲学社会科学版）第 4 期（总第 127 期）。

叶永烈。1995 年。《文革名人风云录》。西宁：青海人民出版社。

佚名。2012 年。"战史为什么不宣传解放南京的部队？"《共识网》（2012 年 3 月 1 日）

印红标。1997。"红卫兵运动的主要流派"，《青年研究》（1997 年第 4 期）。

于坚。2000 年。"忏悔是个人的自由——为余秋雨一辩"。《华夏文摘增刊》第 224 期。

张程、乔晞华。2019。《总统制造：美国大选》。美国华忆出版社。

张晨晨。2008 年。"文革初期的集体暴力"。《二十一世纪》网路版，2008 年 12 月号，第 52-61 页。

赵鼎新。2005。"西方社会运动与革命理论发展之述评——站在中国的角度思考"。《社会学研究》第 1 期。

郑义。1996 年。"两个文化大革命雏议"。《华夏文摘增刊》（1996 年 4 月）第 83 期。

郑仲兵、雷颐、韩钢、李郁。2004 年。"漫谈文革研究"。《往事》第 1 期（2004 年 9 月）。

朱嘉明。1996 年。"三十年后思考文化革命的几个问题"。转自《华夏文摘增刊》（1996 年）第 97 期（原载《新闻自由导报》第 207 期）。

作者简介

乔晞华，美国 Tulane 大学社会学博士，曾任得克萨斯州司法部数据
　　分析师，研究领域：社会运动学、犯罪学、研究方法论、统计
　　学。论著有：

《上山下乡与大返城：以社会运动学视角》

《文革群众运动的动员、分裂和灭亡：以社会运动学视角》

《既非一个文革，也非两个文革》

《社会问题 40 问：西方社会学面面观》

《总统制造：美国大选》

《星火可以不燎原：中国社会问题杂论》

《中国电影与时装时尚：兼论电影产业语境中的时尚造型师》

《我的美国公务员之路》

Mobilization, Factionalization and Destruction of Mass Movements: A Social Movement Perspective

Violence, Periodization and Definition of the Cultural Revolution: A Case Study of Two Deaths by the Red Guards

The Down to the Countryside Campaign and Back-to-City Movement: A Social Movement Perspective